これからの介護・福祉事業を担う経営"人財"

介護福祉経営士テキスト

実践編 II

組織構築・運営
良質の介護福祉サービス提供を目指して

廣江 研 編著

JMP 日本医療企画

● 総監修のことば

なぜ今、「介護福祉」事業に経営人材が必要なのか

　介護保険制度は創設から10年あまりが経過し、「介護の社会化」は広く認知され、超高齢社会の我が国にとって欠かせない社会保障として定着している。この介護保険制度では「民間活力の導入」が大きな特徴の1つであり、株式会社、社会福祉法人、NPO法人など多岐にわたる経営主体は、制度改正・報酬改定などの影響を受けつつも、さまざまな工夫を凝らし、安定した質の高いサービスの提供のため、経営・運営を続けている。

　しかしながら、介護福祉業界全般を産業として鑑みると、十分に成熟しているとは言えないのが現実である。経営主体あるいは経営者においては経営手法・マネジメントなどを体系的・包括的に修得する機会がなく、そのため、特に介護業界の大半を占める中小事業者では、不安定な経営が多くみられる。

　安定的な介護福祉事業経営こそが、高齢者等に安心・安全なサービスを継続して提供できる根本である。その根本を確固たるものにするためにも体系的な教育システムによって経営を担う人材を育成・養成することが急務であると考え、そのための教材として誕生したのが、この『介護福祉経営士テキストシリーズ』である。

　本シリーズは「基礎編」と「実践編」の2分野、全21巻で構成されている。基礎編では介護福祉事業の経営を担うに当たり、必須と考えられる知識を身につけることを目的としている。制度や政策、関連法規等はもちろん、倫理学や産業論の視点も踏まえ、介護福祉とは何かを理解することができる内容となっている。そして基礎編で学んだ内容を踏まえ、実際の現場で求められる経営・マネジメントに関する知識を体系的に学ぶことができるのが実践編という位置付けになっている。

　本シリーズの大きな特徴として、各テキストの編者・著者は、いずれも第一線で活躍している精鋭の方々であり、医療・介護の現場の方から教育現場の方、経営の実務に当たっている方など、そのフィールドが多岐にわたっていること

が挙げられる。介護福祉事業の経営という幅広い概念を捉えるためには、多様な視点をもつことが必要となる。さまざまな立場にある執筆陣によって書かれた本シリーズを学ぶことで、より広い視野と深い知見を得ることができるはずである。

　介護福祉は、少子超高齢化が進む日本において最重要分野であるとともに、「産業」という面から見ればこれからの日本経済を支える成長分野である。それだけに日々新しい知見が生まれ、蓄積されていくことになるだろう。本シリーズにおいても、改訂やラインアップを増やすなど、進化を続けていかなければならないと考えている。読者の皆様からのご教示を頂戴できれば幸いである。

　本シリーズが経営者はもとより、施設長・グループ長など介護福祉経営の第二世代、さらには福祉系大学の学生等の第三世代の方々など、現場で活躍される多くの皆様に学んでいただけることを願っている。そしてここで得た知見を机上の空論とすることなく、介護福祉の現場で実践していただきたい。そのことが安心して老後を迎えることのできる社会構築に不可欠な、介護福祉サービスの発展とその質の向上につながると信じている。

総監修

江草安彦
社会福祉法人旭川荘名誉理事長、川崎医療福祉大学名誉学長

大橋謙策
公益財団法人テクノエイド協会理事長、元日本社会事業大学学長

北島政樹
国際医療福祉大学学長

(50音順)

● はじめに

介護報酬制度と請求事務の正しい理解に向けて

　高齢者介護事業は、公益性が高い仕事です。高齢者介護事業の多くは、公的介護保険制度における指定事業者として事業を行っており、指定事業者は、わが国の社会保障制度の運用を現場において担っているといえます。

　2025年に向けてサービス量は増大するため、保険料と税という公費の投入額も現在と比べても飛躍的に大きくなる事業領域であり、医療とともに、社会保障制度の根幹を支える事業となることが予想されています。現在、医療・福祉分野で700万人余りの従事者人口となっていますが、今後のサービス量増を鑑みると、わが国の労働力を吸収する大きな産業分野としても位置付けられる規模となることになります。

　一方で、介護従事者は、慢性的に不足しています。サービス量の増大に追いつかないという側面もありますが、離職率が高い職場であることも指摘されています。離職率が高いことについては、専門職であることから流動性が高い労働力であるという性質はあるものの、「仕事の内容と比べて賃金が安い」、「仕事の内容がきつい」、「職場の経営方針が納得できない」、「職場の人間関係」、「先を見通すことができない」など、組織マネジメントに起因する原因が高いことも種々の調査により指摘されています。さらに、労働関係法令違反の率が他産業と比べて高く、他産業では減少傾向にある労働災害が増大している数少ない業種であることも指摘されています。

　高齢者の生活の最終期を支える公的介護保険制度の運用の現場において、経営能力が低いことに起因する問題指摘がなされることは本来許されないことです。経営者は常に現場のマネジメントについて、利用者、従業員のみでなく、保険者、納税者たる国民全体についても責任を負っていると考えるべきでしょう。介護事業経営の能力を高め、一定の水準を修めることがすべての介護事業経営者に求められ、その環境整備が求められるなか、本書は、そうした環境づくりの取り組みの一環で作成されたと考えています。

介護事業経営の能力を高めるためには、経営に関する多くの領域（戦略論、財務、IT、サービス論等）を習得する必要がありますが、本書は組織マネジメントの基本的な部分をまとめたものです。時代の動きは大変早く、組織マネジメントの理論、手法は次々と生み出されており、不断の学習と学習を実践に生かすことが必要となるでしょう。本書をきっかけに、そうした不断の取り組みを続けて行くきっかけとなれば幸いです。

廣江　研

CONTENTS

総監修のことば……………………………………………………… Ⅱ
はじめに……………………………………………………………… Ⅳ

第1章 組織管理の基本 …………………………………………… 1

1. 組織とは………………………………………………………… 2
2. 組織の基本構造と形態………………………………………… 5
3. 介護サービス事業所の組織の特徴…………………………… 8
4. 事例……………………………………………………………… 10

第2章 組織管理の理論 …………………………………………… 21

1. 組織管理理論の変遷…………………………………………… 22
2. 行動科学………………………………………………………… 25
3. 介護サービスを担う従業員の現状…………………………… 28

第3章 組織管理への取り組みと課題 …………………………… 33

1. 経営戦略論……………………………………………………… 34
2. 組織の理念……………………………………………………… 36
3. 組織階層と意思決定…………………………………………… 38
4. 事例……………………………………………………………… 41

第4章 組織文化 …………………………………………………… 49

1. 組織文化とは…………………………………………………… 50
2. 組織文化の形成とその機能…………………………………… 51
3. 事例①…………………………………………………………… 53

④ 介護福祉業界に求められる組織文化とは……………………… 57
⑤ 事例②………………………………………………………………… 60

第5章　組織改革 …………………………………………………… 69

① 組織を改革するとはどういうことか……………………………… 70
② 戦略的組織改革のプロセス………………………………………… 72
③ 事例…………………………………………………………………… 75

第6章　コンプライアンス経営とガバナンス …………………… 83

① コンプライアンス…………………………………………………… 84
② 事例…………………………………………………………………… 86
③ ガバナンス…………………………………………………………… 90
④ コーポレート・ガバナンスの強化に向けた取り組み………… 91

第1章
組織管理の基本

1 組織とは
2 組織の基本構造と形態
3 介護サービス事業所の組織の特徴
4 事例

1 組織とは

1 組織マネジメント

　私たちが暮らす現代社会には、あらゆるところに「組織」が存在しています。介護サービスの提供も、行政、社会福祉法人、NPO、営利企業など、形態・機能は違いますが、組織により行われています。
　本書を読まれる方は、介護福祉に関わる組織をマネジメントしている、あるいは将来マネジメントすることを望んでいる方だと思います。マネジメント＝経営管理とは「人に、あることをさせること」で、経営者や管理者は自ら高齢者のケアを行うわけではありません。経営者・管理者の役割は、組織として行う「ケアを提供する」という業務が、円滑かつ効果的に遂行されるように、種々の業務を計画・評価・調整し、ヒト・モノ・カネ・情報といった必要な諸資源を調達・蓄積・配分する際の意思決定やそれに沿った行動をすることです。
　介護経営の現場では、常に変化する内外の環境を把握し、現在と将来を見すえて今の状況をメンテナンスし、中長期にわたって手を打っていく必要があります。わが国のGDPがこの20年間で縮小するなか、介護事業のサービス量は拡大し、事業者数、事業所数、従業員数が大幅に伸びています。一方で慢性的な人材不足や高い離職率、多数の労働関連法規違反といった問題点も指摘されています。これらの問題は、経営層のマネジメント能力の欠如に起因する場合もあり、組織マネジメントは大変重要な役割を持っています。

2 組織の定義

　組織の定義としては、アメリカの経営学者バーナード（C. I. Barnard）によるものが有名です。バーナードによれば、組織とは「2人以上の人間の意識的に調整された行動・活動または諸力の体系であり、協働体系である」と定義されています。ここで重要なのは、組織を構成する要素を「人間そのもの」ではなく、人間が提供する活動や力であると定義していることです。つまり、いかに優れた能力を持つ人間がいても、その人の能力を十分に生かすことができなければ組織として成立しない、ということを意味しています。組織が成立するためには、職員から必要な活動を引き出すことが不可欠であるということです。そのためには、職員のモチベーションをいかにして上げるか、という「動機付け」が、重要なテーマの1つになります。

　そして、その職員一人ひとりの活動が、体系（システム）として機能することも、組織が成立するための条件になります。個人が勝手に活動しているだけでは、組織としての体をなしているとはいえません。個々の活動がシステムのなかで機能することで相互作用が生まれ、より大きな力となって組織全体を動かしていくわけです。

　しかし、組織における相互作用は、ときには利害の対立や意見の不一致といったコンフリクト（摩擦）を起こし、組織が機能しなくなることもあります。介護事業においては特に専門職が多い組織でもあり、専門職間でのコンフリクトが発生することが少なくありません。また専門職と事務部門など専門職以外の職員の間でのコンフリクトも生じます。コンフリクトを解決したり、発生しないような仕組みを構築したりする必要があり、望ましい相互作用の設計やコンフリクトの解決は組織を考えるうえでの重要なテーマの1つです。

　また、この定義のなかでもう1つ重要な点は、「意識的に調整された行動」がなされていることです。例えば、1人の施設利用者の1日は、複数の担当者が理解して、調整を行うことではじめて成立します。計

画作成の担当者やケアを担当する者、夜勤の担当者がバラバラに対応していては活動は成り立ちません。この「意識的な調整」のために、組織は事業計画やコミュニケーションなどのさまざまな手段を有しています。

2 組織の基本構造と形態

1 組織の基本的な構造と形態

　発展段階によって組織の形態は異なりますが、組織の基本構造はライン組織、ファンクショナル組織、ライン・アンド・スタッフ組織、の3つに整理できます。

(1) ライン組織

　もっとも基本的な組織形態です（**図表1-1**）。経営トップから最下位階層まで、命令系統が直線的につながっているものです。下位者は常に上位者から命令を受けます。

　経営トップの意思が末端まで浸透し、組織全員の統一的行動を導きやすく責任も明確になります。その一方で、部下から上司というボトムアップの流れや、同位階層間におけるヨコのコミュニケーションが困難になりやすいというデメリットもあります。権限移譲が行われにくく、組織が大きくなると上位者に過度の負担が生じます。

図表1-1●ライン組織

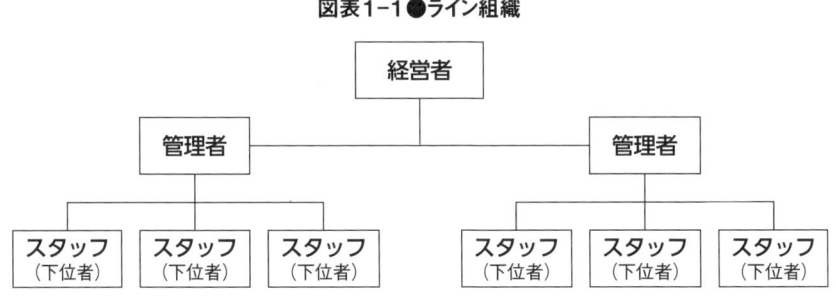

(2) ファンクショナル組織 (職能的組織)

　管理者はそれぞれ専門機能を分担し、担当者は各専門分野の管理者から指示・命令を受ける組織形態です。管理者は専門領域の業務に特化でき、専門的知識を深めることができるため、スペシャリストの養成がしやすいというメリットがあります。

　その反面、総合的に判断できる管理者が養成できない、管理者相互の適切な機能分担が困難で、権限争いが発生しやすいなどのデメリットもあります。

図表1-2●ファンクショナル組織

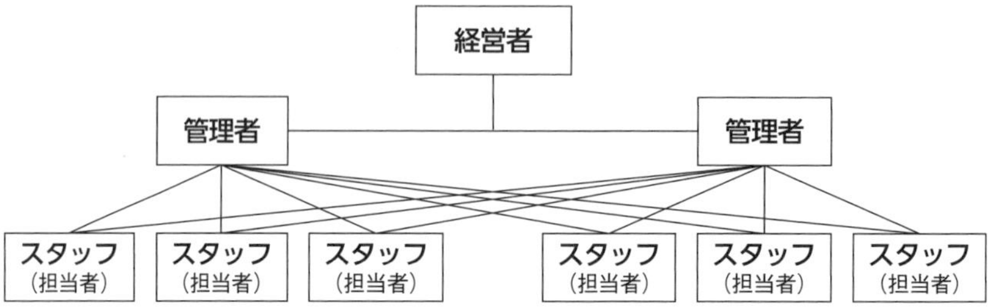

(3) ライン・アンド・スタッフ組織

　ライン組織とファンクショナル組織の長所を生かそうとして考案された組織です(**図表1-3**)。

　組織が拡大し複雑化すると、ライン管理者は担当する機能を十分に果たすことが困難になります。ライン・アンド・スタッフ組織では、専門分野についてはスタッフ部門を配置しライン部門に助言を行います。ライン部門はスタッフ部門からの助力を受けて、問題に対処します。

　スタッフ部門はライン部門への決定権や命令権は持ちません。基幹的な業務はライン部門が担当し、専門的な業務はスタッフ部門が側面からサポートします。命令の統一性を保ちながら専門性も活かせるというメリットがある一方、スタッフ部門が権限を逸脱することでライン部門との命令が交錯し、命令系統が不明確になってしまうというデメリットも存在します。

図表1-3●ライン・アンド・スタッフ組織

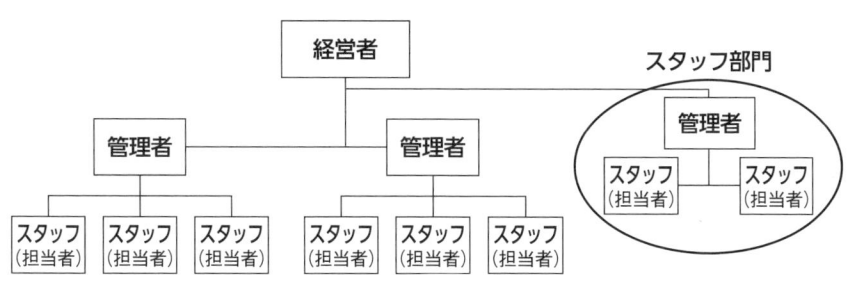

3 介護サービス事業所の組織の特徴

1 多様な専門職集団

　介護サービス事業所の多くの組織では多様な専門職集団が構成されています。例えば介護職、看護職、理学療法士、作業療法士、相談員、事務部門のスタッフなどです。

　異なる資格や教育的背景を持った職種は互いに異なる下位集団を形成しています。各専門職集団は利害や考え方を同じくすることから、異質の集団間では競合関係を内在させており、経営管理においてはその調整が不可欠となります。

2 フラットなピラミッド構造

　ヒエラルキー（階級）における階層数が少なく、タテにというよりはヨコに広がるフラットな組織であるとされます。例えば介護施設では、介護部長のほかにユニット主任などがラインを構成する程度です。権威の上下をつなぐ長い指揮系統はありません。

3 ヨコ・コミュニケーションの発達

　したがって、業種間の連絡調整のためにタテよりもヨコのコミュニケーション・チャネルが発達します。しかし、ヒエラルキーによる統

制が効果的ではなく、対立や競合が発生しやすくなります。それを調整するためのメカニズムが組み込まれなければなりません。

4 個人の裁量が大きい

　ヒエラルキーによる権威が後退せざるを得ないので、個人の判断や行動における自由の領域が相対的に拡大することになり、個人や各職場集団が独自に裁量できる範囲も大きくなります。利用者・家族に対する現場サイドの判断が優先されることも、個人の裁量を大きくしています。

4 事例 介護サービス事業所における組織形態に絡む課題

1 事例概要

(1) 有料老人ホーム新設に伴う組織改編

　法人Aではこれまで、介護老人福祉施設（特養ホーム）50床に併設する短期入所20床、通所介護20名規模の事業を20年以上行ってきました。5年前には10kmほど離れた場所に、新たに定員100名の有料老人ホームを開業しました。

　法人では設立から20年間ライン組織で運営しており、組織は命令一元化の原則にのっとって経営トップからのトップダウンによる指示命令になじんでいました（図表1-4）。

　新たに開業した有料老人ホームには、特養ホームの主要な職員が管理監督者として異動してきて、その指揮には法人の経営トップが当たることになりました。一方特養ホームでは、事務長が施設長となりました（図表1-5）。事務長は、特養ホームの設立当時に介護職に就いていたこともあり、現場もよく理解しています。経営管理実務にも長年携わっていることから、法人の経営トップが直接的に特養ホームの経営に関われなくなっても、しっかりと統制できることを期待するうえで最適な人事と思われました。

　しかし、施設長に就任して1年もすると、経営トップからは特養ホームの状況を十分に理解しないまま、有料老人ホームへの職員異動の追加や共通仕入れによるコスト管理などの指示が出されるようになりました。現場からの反対意見との板挟みになることも増え、施設長として厳しい立場に追い込まれてきました。また主要な職員が有料老人

1 組織構築・運営

図表1-4●当初の組織図

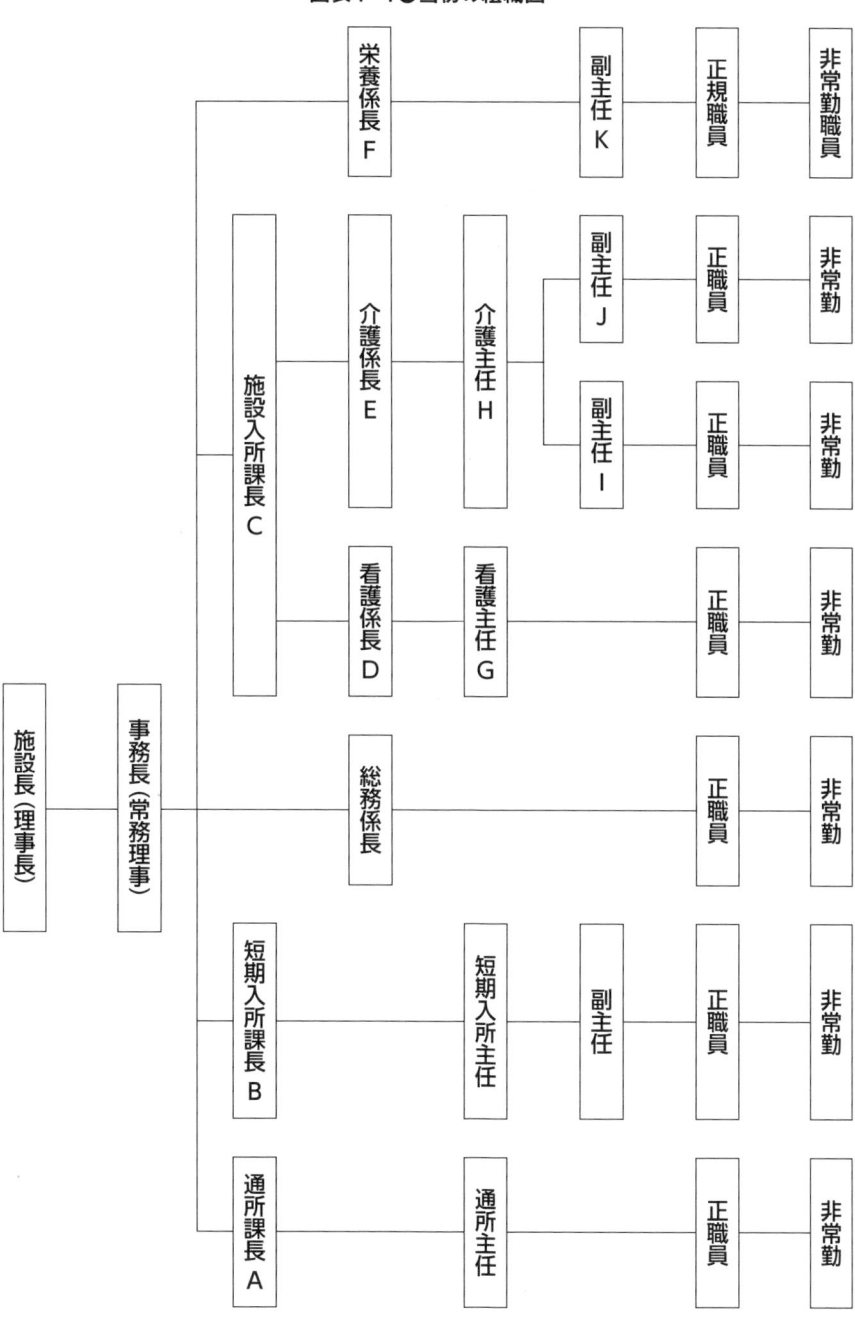

ライン組織であり、経営トップからのトップダウンでの意思決定がなされている状態であった。トップダウンに必要な情報は、管理監督職やベテラン職員からトップに伝えられている。

図表1-5 ● その後の組織図

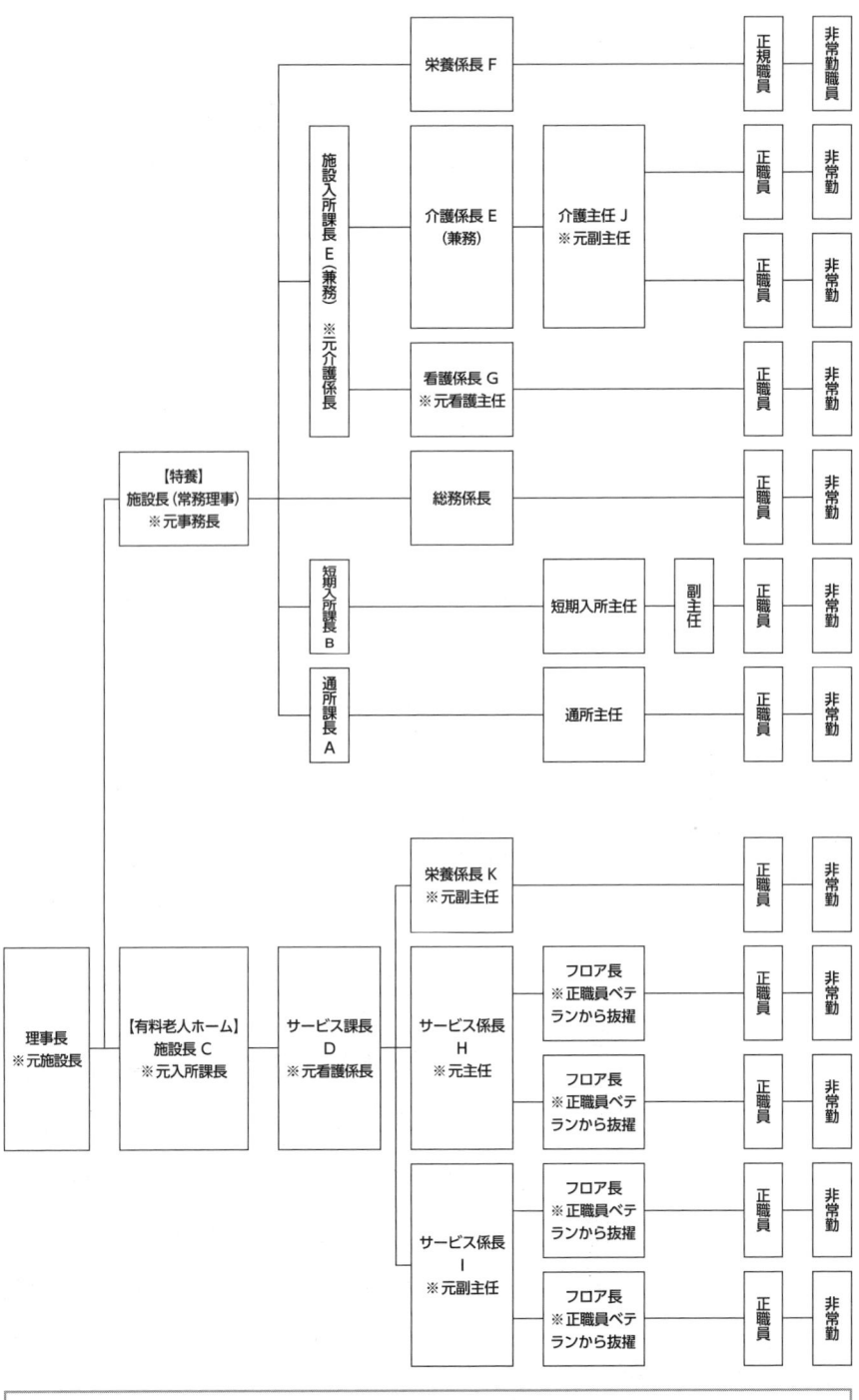

必要な情報を正確に経営トップに伝える機能を失ったことで、トップダウンの意思決定の場が特養においては少なくなった。特養においては受動的な仕事の仕方に慣れていた職員が、上司やベテラン職員が抜けたことによって、自ら考えて行動する必要性が出たが、元事務長は一元的な指示系統が整えられなかった。

ホームへ異動することによって、特養ホーム自体のサービス力が落ちてきたこともストレスになりました。施設長は、経営トップとの定期的な会議によって双方の拠点の状況について協議を行ってきましたが、タイムリーかつ十分に情報を知り得ることができないばかりか、経営トップの指示によって施設長の指示命令が変更されることも多発したのです。

（2）混乱する指示命令系統

　定期的な会議においては、どうしても限られた時間のなかで状況を伝えなければならないため、客観的に把握できる情報が主となりがちです。やがて数値化できる定量情報が主たる判断基準に使用されるようになり、現場で起きているサービス品質の問題や人材育成の問題などについては、「主観的な情報」という扱いがなされるようになりました。

　数値化できるデータは、その多くが結果を示すものです。そこに議題が集中することにより、そもそもの原因となる定性的な課題については、協議することが少なくなっていきます。以前は、サービスのあり方や、利用者のニーズにどのように向き合うかなど、本質的な話を踏まえての細かな指示があったのですが、最近は数値目標が主たる指示になっています。その結果として、経営トップの判断が特養ホームの抱える課題に適応しえないことが多くなっていきました。

　施設長は、経営トップの判断を、現場に正確に伝える必要がありました。しかし、それは現時点の現場に対して、適応性の高い取り組みとは言えないものでした。施設長は自身の施設の問題を把握し、まずはベテランが抜けた穴を補うためのサービス品質を整えることや、職員の育成に集中したかったのですが、経営トップからは数値目標を達成することを強調されます。日々、現場で発生する問題に対して、施設長は品質や育成の視点を中心とする指示を行う一方で、経営トップは定量的な成果指標の達成を第一としています。これによって指示命令系統（指示の優先順位）は時によっては二元的なものとなることがありました。

　二元化した命令によって、最下位階層の職員までの指示命令系統が

混乱することを恐れた施設長は、各ラインの管理監督者に、経営トップからの指示命令と自らの指示命令への臨機応変な対応を求めました。しかし、従来トップダウンでの指示命令で動いてきた管理監督者は過度な責任を嫌っていたので、施設長はあくまでも責任は自分が持つかのように説明せざるをえませんでした。すると、管理監督者はそれぞれの価値観に基づく組織づくりを始めたのです。

(3) 現状

3年後、ラインはセクショナリズムを発揮、必要な職員数や材料・介護などについてバラバラに主張するようになり、ライン間のコンフリクトも発生しました。経営管理を行う施設長は、ライン間で発生するコンフリクトを解消しようとしました。方針の共有化へ向けて共通する主張を聞き入れ、それぞれのラインに職員を増員したのです。結果、人件費は増大し、介護老人福祉施設と併設する在宅介護事業所の収入額では、中長期的にはまかないきれないことが明らかでした。

そこで、今度は人件費抑制のため、新規採用する職員の賃金表を新たに作成し、従来の職員と異なる賃金体系を構築しました。さらに雇用形態を非常勤化し、正規職員の比率を下げるよう計画しました。現在は、職員から同一業務同一賃金に対する不満が出ていて、組織は活力を失いつつあります。

このケースでは、どのような形態の組織づくりを行うべきだったのでしょうか。いつ・誰が・誰に対し・誰と一緒に・どのようなことを行えば、強い組織づくりができたのでしょうか。

2 対処方法

(1) あるべき理想の姿を考える

対処方法を考える前に、法人Aのあるべき姿とはどのようなものか考えてみましょう。法人Aでは100名規模の有料老人ホームを開業

する際に、法人設立当初から経営している特養ホームを後方支援施設と位置づけ、さらに、在宅介護事業所は要介護認定を受ける手前と後をつなぐ連結環としてイメージしていたと考えられます。利用者は、有料老人ホームから在宅介護サービスへ、そして特養ホームへと終身で生活をサポートしてもらえることを動機付けとして入居したことでしょう。

　法人の各サービスを利用者のライフステージに合わせて満遍なく利用してもらう体系を構築するために、介護サービスの見込み客の入り口となる有料老人ホームの運営に力を入れたいという思いから、経営トップと主要なスタッフが異動したものと想像できます。その場合、有料老人ホームは特養ホームと並列の事業部という扱いではなく、法人のコントロールセンターであるべきであったといえます。

　ライン組織におけるトップダウンによって意思決定を行う組織では、経営トップは全方位的な情報の収集を行い、対策を指示することが求められます。しかし、組織が大きくなれば、経営トップがすべての現場を見て、自ら問題を吸い上げることは不可能です。その情報収集をサポートする役割を担う人材が必要となります。従来の特養ホームの主たる管理監督職やベテラン職員は、トップダウンしやすいように現場のエラーを経営トップに伝えることができる、組織における上下の連結環であったはずです。その連結環となる職員を異動させたことにより、経営トップへの情報集約が絶たれることにつながった可能性があります。

　新たな施設長のもとで、経営トップと施設長と現場管理監督者の上下のパイプをつなげるためには、元副主任や主任を、従来の課長たちと同じレベルまで育てることが必要です。トップダウンに必要な現場の情報を経営トップまで伝えることができなければ、トップダウンは正常に機能しないからです。とはいえ、管理監督職やベテラン職員のレベルまでの育成には時間がかかります。その問題を解決するために、一定期間は有料老人ホームに異動した管理監督者を特養ホームの状況把握に役立てながら、どのような施策が必要かを経営トップに正確に

伝えていくステップが必要であると考えられます。

　組織を構築するうえで、ライン組織でトップダウンを続けるのであれば、命令が縦にしっかりと浸透するための工夫が必要です。二つの組織を切り分けて別の組織とするのではなく、現場をコントロールするポジションのスタッフについては一元化させる期間を設けることによって、コントロールを一元化させる環境とするべきであったと考えることができます。

　また、経営トップが特養ホームの施設長に対して、行うべき管理業務の範囲と権限と責任について明確な指示と説明を行わなかったことも、問題を複雑にした重要な原因の1つと考えられます。施設長自身にも「自分がどこまで権限を持っているのか」がわからず、職員も「どこまで施設長の指示に従えばよいのか」がわからない、という状況になってしまったことが、指示命令系統の混乱を招いた大きな要因であったと思われます。

(2) 経営管理の一元化に向けた組織再編

　対処方法の1つの例としては、法人の経営管理を一元化させるために、有料老人ホーム側に経営本部を設置し、サービスを利用する見込み客が契約するまでの導線に合わせた事業規模の設計や管理方法を構築するということが考えられます。具体的には、**図表1-6**にあるように、組織は一つとし、管理監督者層の兼務体制を構築することによって経営管理を一元化することができます。特養ホームの施設長に自律経営を期待するような責任と権限を委譲するのではなく、あらかじめ経営本部から与えられた経営資源の量で、一定のサービス品質を提供できる体制をつくることが施設長の仕事であると再定義して、法人全体での人事異動を含めた労務管理の改革も行わなければ、両施設間の連携はより困難なものとなるでしょう。

　このケースのように、特養ホームにおける課題は一見すると、施設長のリーダーシップや、情報管理や職員の育成の問題と捉えがちで、対策としてリーダー職員研修を実施したり、人事制度を改変したりと

1　組織構築・運営

図表1-6●組織改編の例

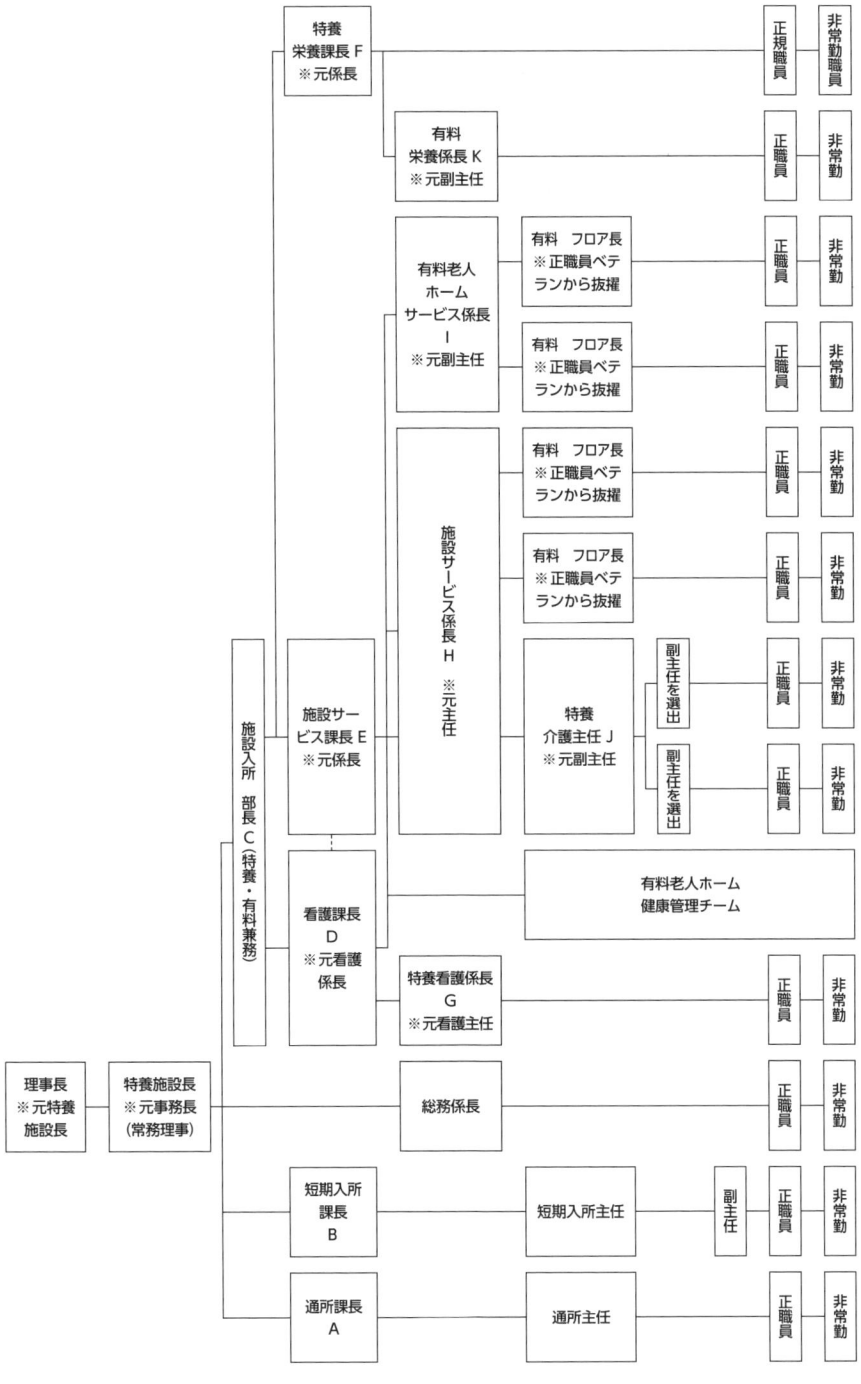

従来のトップダウンの良さを継承する組織図を構築するために、管理監督職員には両拠点を管轄させる形にする。
（当該組織図は一解決例であり、その他の解決法もありうる）

的外れな解決策を設けることが多いのですが、組織の創りの問題が原因である場合には、組織構築から修正することが対応策の基本となります。真因を見誤らずに対策を講じたいものです。

確認問題

問題1 以下の文章の（　）に、適切な言葉を記入しなさい。

①アメリカの経営学者（　　）は、組織とは「2人以上の人間の意識的に調整された行動・活動または諸力の体系であり、協働体系である」と定義している。

②組織の基本構造は、ライン組織、（　　）、ライン・アンド・スタッフ組織、の3つに整理できる。

③多様な専門職集団で構成される介護サービス事業所は、ヒエラルキー（階級）における階層数が少なく、タテにというよりはヨコに広がる（　　）な組織である。

確認問題

解答 1

① : バーナード　② : ファンクショナル組織（職能的組織）
③ : フラット

第2章
組織管理の理論

1. 組織管理理論の変遷
2. 行動科学
3. 介護サービスを担う従業員の現状

© Kasiurek - Fotolia.com

1 組織管理理論の変遷

1 組織管理理論とは

　組織とはさまざまな要素を持っています。そのために、これまでも多くの研究や理論が生まれました。ここではそれらの組織管理理論の変遷について大まかにみていきます。

2 古典的管理論

(1) 古典的管理論とは

　「科学的管理の父」と呼ばれるフレデリック・テイラー(F. W. Taylor)による科学的管理法や、ファヨール(J. H. Fayol)を創始者とする管理過程論などを古典的管理論と呼んでいます。

　テイラーは製鋼所における組織的怠業(サボタージュ)の問題の解決を目的として、一定の作業に必要となる時間と能率的に作業を行うための標準的な動作を研究し、作業の標準化を行いました。そして科学的に設定された1日に行うべき適切な作業量に基づいた課業管理を主張し、さらに作業管理のための組織によるマネジメントを提唱しました。

　ファヨールは企業活動を①技術活動、②商業活動、③財務活動、④保全活動、⑤会計活動、⑥管理活動、の6つで構成されると主張し、管理活動を重要視しました。

(2) 介護サービス経営への示唆

　古典的管理論はその後、批判的に検証等がなされ、経営学はさらに発展していくこととなりますが、古典的管理論は、現在の介護サービス事業の経営に対する示唆を大いに含んでいると考えることができます。特に社会福祉法人などの非営利法人においては、「科学的な経営」というアプローチはまだまだ進んではいません。公的な制度の下で社会福祉事業という枠組みで長く実施されてきた介護サービスが、情緒的な面を重視し、成果を出すために科学的・システマティックに事業を遂行するという姿勢を阻害してきた歴史的な経緯も影響していると思われます。

　現在の非営利法人に見られる経営と管理の未分化（規模の零細性も影響している）や、職務記述書や職務明細書を作成しておらず、職務についての基礎的な情報の整理がなされていない、つまり、どの仕事にどのようなスキルや時間を要するのかを把握しておらず要員管理が頭数のみになっており体系的な採用・育成活動ができていないこと、またスキルの育成と蓄積が報酬と連動しておらず、人事考課を実施している法人が少数で、公務員俸給表に基づく賃金体系を採用しているところがいまだ多数である、などの問題点があることは、古典的管理論で提唱された内容ですら業界に浸透していないことの表れであるともいえるでしょう。

3 人間関係論

　古典的管理論と異なり、組織を構成する人間に注目したのが人間関係論になります。人間関係論は、ハーバード大学のメイヨー（G. E. Mayo）とレスリスバーガー（F. J. Roethlisberger）らが行った、ホーソン実験に端を発しています。ホーソン実験とは、1924年から1932年にかけてアメリカのウエスタン・エレクトリック社のホーソン工場で行われた実験研究です。この実験結果によって、生産性の向

上には人間関係が重要な要因であることが発見されたのです。

人間関係論は、集団における人間関係の重要性を指摘し、人間の心理的側面が生産性を強く規定することを明らかにしました。このことは、リーダーシップやモチベーション研究に大きな影響を与えることになります。

4 近代組織論

近代組織論では、1章の「組織の定義」でも登場したバーナードと、アメリカの政治学者であったサイモン（H. A. Simon）が重要な人物です。バーナードは、人間は個人の持つ能力の限界を超える目標を達成するために組織に参加すると考え、それが先の定義にもある協働体系という見方につながっています。バーナードの研究をさらに展開させたサイモンは、組織が人間の行動の集合であるということから、組織におけるさまざまな現象は、意思決定過程の分析により明らかにできると考えました。サイモンの研究は経営管理論をさらに体系的に発展させました。

2 行動科学

1 行動科学とは何か

　経営学における行動科学は、組織の意思決定過程に焦点を当てる場合と、従業員のモチベーションやリーダーシップに焦点を合わせる場合とに大別されます。ここではモチベーションとリーダーシップに焦点を当てます。

2 モチベーション

(1) モチベーションとは

　モチベーションとは仕事に対する意欲を高めることで、動機付けとも呼ばれます。組織のメンバーに、仕事に対する意欲を強く持つように働きかけて、組織目的に積極的に貢献しようとする意識的な行動を引き起こすことです。モチベーション論では動機、欲求、過程を研究することがテーマとなります。

(2) マズローの欲求段階説

　アメリカの心理学者マズロー(A. H. Maslow)は、「生理的欲求」「安全の欲求」「所属の欲求」「自尊の欲求」そして「自己実現の欲求」までの5つの階層に分類されるとし、人間は低次段階の欲求を充足すると、より高い段階の欲求を満足させようと行動するとしています。5段階目の「自己実現の欲求」は自分の内面に関わるものであり限界がなく、

無限に動機付けられる成長欲求であるとしています。

(3) X理論・Y理論

　アメリカの心理学者マグレガー（D. M. McGregor）は、マズローの欲求段階説の自己実現欲求に基づく新しい人間観を提唱し、X理論・Y理論を主張しました。人間はもともと仕事をするのが嫌いで放っておくと怠けてしまうので、命令と統制よって管理しなければならず、賃金（アメ）と処罰（ムチ）による動機付けが有効であるとするのがX理論です。一方Y理論では、人間は条件によっては仕事が満足感につながる存在であるとして、目標による管理でマズローの欲求段階の最上位にある「自己実現の欲求」を満たすことを動機付けとすることが有効であるとしています。

3 動機付け・衛生理論

　アメリカの臨床心理学者であるハーズバーグ（F. Herzberg）は、職務満足要因と職務不満足要因は異なるという2要因論を提唱しました。職務不満足要因を「衛生要因」、積極的な職務態度を誘発する要因を「動機付け要因」と呼び、これを「動機付け・衛生理論」と名付けました。衛生要因は、組織の方針と経営、給与、同僚や部下との関係などで構成されます。動機付け要因には達成、承認、昇進などがあります。ハーズバーグによれば、衛生要因（職務不満足要因）を改善しても、職務満足度の向上にはつながらず、積極的な職務態度への影響はほとんどないとしています。

4 リーダーシップ論

　介護事業経営は組織活動であり、トップマネジメントのリーダー

シップは重要になります。事業計画等の作成から、サービスの質の向上、利用者満足度の向上など、多くの問題を解決していくためには、トップマネジメントの指導力・実行力が重要です。特に多様な専門職が存在する介護事業組織においては、共通の目的に向かって立場や問題意識の異なるメンバーの努力を集中し力を発揮させることが必要であり、リーダーシップが必要不可欠です。

　リーダーシップ論では、レヴィン（K. Lewin）によるリーダーシップ形態論、リッカート（R. Likert）によるシステムⅣ理論、三隅二不二によるPM理論などが重要な研究です。また、ハーシー（P. Hersey）とブランチャード（K. H. Blanchard）は、組織の成熟度によってリーダーシップのあり方が異なるとして、SL理論（Situational Leadership Theory）を提唱しています。

3 介護サービスを担う従業員の現状

　ここで、わが国の介護サービスを担う従業員の現状に関する統計を紹介しましょう。財団法人介護労働安定センター「平成23年度介護労働実態調査」によると、仕事を選んだ理由として格段に多い回答は「働きがいのある仕事だと思ったから」（55.7％）で、2位の「今後もニーズの高まる仕事だから」（38.8％）を引き離しており、自己実現欲求による職業選択が行われていることが分かります（**図表2-1**）。

図表2-1●現在の仕事を選んだ理由

理由	％
働きがいのある仕事だと思ったから	55.7
今後もニーズが高まる仕事だから	38.8
資格・技能が活かせるから	36.4
人や社会の役に立ちたいから	35.4
お年寄りが好きだから	29.0
介護の知識や技能が身につくから	24.8
生きがい・社会参加のため	17.9
身近な人の介護の経験から	17.7
時間（日）に働けるから	14.4
自分や家族の都合のよい	3.7
給与等の収入が多いから	10.9
他によい仕事がないため	4.3
その他	2.8
特に理由はない	

出典：平成23年度介護労働実態調査結果

　一方で、労働条件等の不満については「仕事のわりに賃金が低い」（44.2％）が、2位の「人手が足りない」（40.2％）を4ポイントほど引

き離しています（**図表2-2**）。

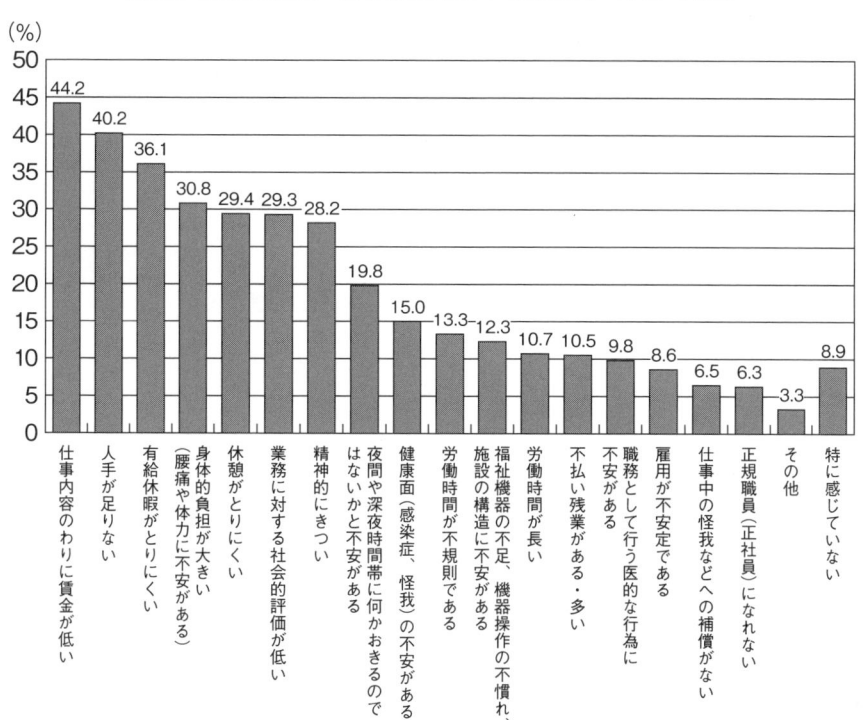

図表2-2 ● 労働条件・仕事の負担についての悩み、不安、不満等

項目	(%)
仕事内容のわりに賃金が低い	44.2
人手が足りない	40.2
有給休暇がとりにくい	36.1
身体的負担が大きい（腰痛や体力に不安がある）	30.8
休憩がとりにくい	29.4
業務に対する社会的評価が低い	29.3
精神的にきつい	28.2
夜間や深夜時間帯に何かおきるのではないかと不安がある	19.8
健康面（感染症、怪我）の不安がある	15.0
福祉機器の不足、機器操作の不慣れ、施設の構造に不安がある	13.3
労働時間が不規則である	12.3
労働時間が長い	10.7
不払い残業がある・多い	10.5
職務として行う医的な行為に不安がある	9.8
雇用が不安定である	8.6
仕事中の怪我などへの補償がない	6.5
正規職員（正社員）になれない	6.3
その他	3.3
特に感じていない	8.9

出典：平成23年度介護労働実態調査結果

　介護職員の賃金については、これまでも大きな問題として捉えられてきました。2009（平成21）年には「介護職員処遇改善交付金」が創設され、2009（平成21）年度10月から2011（平成23）年度末まで、職員1人当たり月額1.5万円の賃上げに相当する額が給付され、2012（平成24）年度からは交付金相当分が介護報酬本体に取り込まれ、「処遇改善加算」という形で介護職員の処遇改善を継続する形となっています。しかし、依然として賃金水準が低く、労働条件の厳しさに見合った給与水準にはなっていないことが読み取れます。

　次に、直前の介護の仕事を辞めた理由を見てみると、「法人や施設・事業所の理念や運営のあり方に不満があったため」（24.4％）、「職場の人間関係に問題があったため」（23.8％）、「他に良い仕事・職場があったため」（19.4％）がトップ3を占めています（**図表2-3**）。

不満も離職の原因もすべて前項で説明した衛生要因です。辞める理由は不満が高じてのものです。収入面よりも事業所の理念や運営のあり方といったソフト面がより直接の原因であることも注目されます。

人材不足が慢性化する介護サービス業界においては、不満を解消するための衛生要因の問題解決を図ることと動機付けを伸ばしていく施策をとることが、人材確保における重要な視点であることが理解できます。

図表2-3●直前の介護の仕事をやめた理由

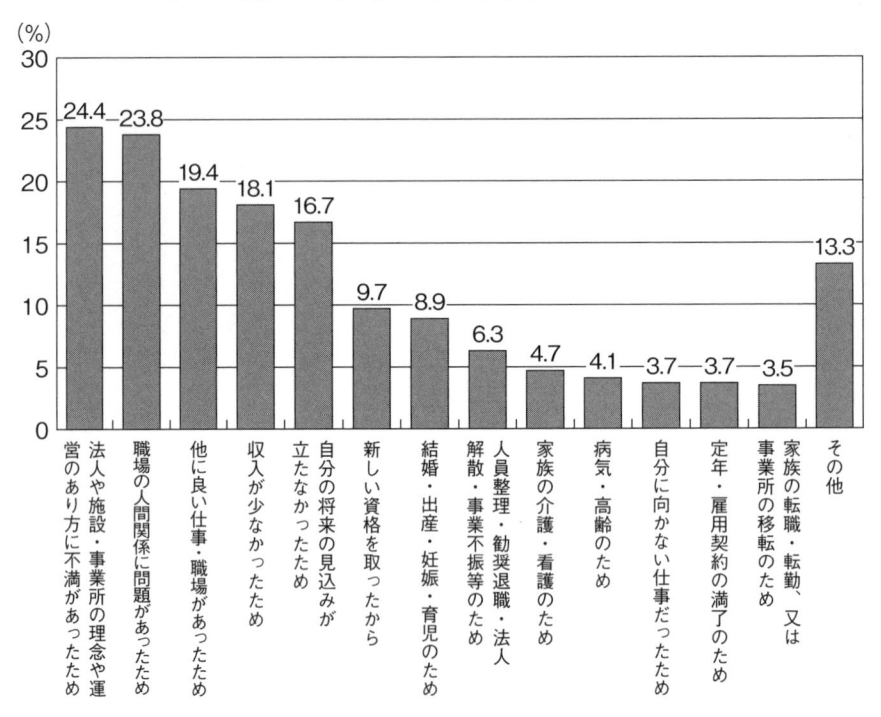

理由	%
法人や施設・事業所の理念や運営のあり方に不満があったため	24.4
職場の人間関係に問題があったため	23.8
他に良い仕事・職場があったため	19.4
収入が少なかったため	18.1
自分の将来の見込みが立たなかったため	16.7
新しい資格を取ったから	9.7
結婚・出産・妊娠・育児のため	8.9
人員整理・勧奨退職・法人解散・事業不振等のため	6.3
家族の介護・看護のため	4.7
病気・高齢のため	4.1
自分に向かない仕事だったため	3.7
定年・雇用契約の満了のため	3.7
家族の転職・転勤、又は事業所の移転のため	3.5
その他	13.3

出典：平成23年度介護労働実態調査結果

確認問題

問題1 以下の文章の（　）に、適切な言葉を記入しなさい。

①テイラーの科学的管理法や、ファヨールの管理過程論などは、（　　）論と呼ばれている。

②ファヨールは企業活動が6つの活動で構成されるとし、そのなかでも特に（　　）を重要視した。

③マズローの欲求段階説では、（　　）の欲求をもっとも高い段階としている。

④ハーズバーグによる衛生理論では、同僚、部下との関係や給与などの職務不満足要因を（　　）としている。

⑤介護職員が現在の仕事を選んだ理由としてもっとも多いのは（　　）である。

確認問題

解答 1

①：古典的管理（論）　②：管理活動　③：自己実現
④：衛生要因　⑤働きがいのある仕事だと思ったから

第3章
組織管理への取り組みと課題

1. 経営戦略論
2. 組織の理念
3. 組織階層と意思決定
4. 事例

1 経営戦略論

1 組織管理と経営戦略の関係

　組織管理への取り組みについて学ぶ前に、まずは経営戦略論の基本を抑えておくことにします。経営戦略は、組織がその共通目的を達成するための施策を立てる際の基礎となるものだからです。

　経営戦略の本質は、環境に適合することであるといえます。環境に変化がなければ、その対応を考える必要がないわけですから、戦略を考える必要性は低くなります。しかし現代の社会・経済環境は常に大きく変化しています。そのなかでも、介護業界は3年ごとの介護報酬改定をはじめ、度重なる法制度の改正などもあり、常に変化しているともいえます。この変化にどのように対応し、自組織が継続・発展していくためにはどうすればよいのかを考えていくことが、すなわち経営戦略を考えるということです。

　経営戦略とは、自組織を環境に適合させていくための、一連の決定と行動と考えることができます。この経営戦略論は、組織をマネジメントするに当たっての基本的な思考として、理解・実践が求められます。

2 経営戦略の策定プロセス

(1) 理念と将来のあるべき姿を明確にする

　経営戦略を策定するに当たっては、まずは組織の理念を明確にし、将来のあるべき姿（ビジョン）を具体的に描くことが求められます。

これはどのような戦略を立てるのかを考えるときの核となるものであり、ここがしっかりと固まっていないと、後になって経営戦略にブレが生じることもあります。また「なぜこういった戦略をとるのか」と職員の間に疑問が生じたときに、納得のいく説明をすることができません。まずは理念とビジョンを確定し、内外に向けて表明することがスタートになります。

(2) 現状を分析する

策定したビジョンにどのように向かっていくのかを考えるうえで、自組織が現在どのようなポジションにいるのかを把握する必要があります。現状分析に用いられる手法として代表的なものにSWOT分析があります。SWOT分析は、自組織の置かれている状況を2つの内部要因であるS (Strength：自組織の強み) とW (Weakness：自組織の弱み)、そして2つの外部要因であるO (Opportunities：市場の機会) とT (Threats：市場の脅威) に分類し、2×2の4つの象限のマトリックスで表現するものです。これにより、内部環境として自分たちの組織が現在どのような強み・弱みがあるのかがわかり、また外部環境として市場にはどのような機会と脅威があるのかが見えてきます。

(3) 経営戦略を策定する

内部環境と外部環境の分析によって明らかになった現状とビジョンとのギャップを埋めていくにはどうすればよいかのかを、実際の戦略として考えていくことになります。必要な事業領域を決定し、組織として何をやっていくのかという全体の戦略を策定。その全体戦略に基づいて、各事業・部門別の戦略を策定し、さらに財務戦略やマーケティング戦略、人事労務戦略、情報戦略といった機能別の戦略を考えていきます。

2 組織の理念

1 組織の理念とは

　先に述べた経営戦略の策定プロセスは、経営上の施策を講じる場合の思考プロセスの基本であるといえます。さまざまな場面で、こうした思考をベースに施策を組み立てていくことが求められます。

　経営戦略において核となるものは経営理念です。組織の理念とも言い換えることができ、組織の存在意義や重視する価値観、将来のあるべき姿などを明文化し、経営陣や従業員はもとよりステークホルダー（事業の利害関係者）にまで浸透することを目的とします。

　なかでも職員の理解は特に重要です。日常業務においても、職員の行動は経営理念を基盤にすることが求められます。逆にいえば、理念が明確であり、職員がそれを十分に理解していれば、有事の際にも迷うことなく適切な動きをとることができるのです。例えば「利用者のことを第一に考える」という理念が明確になっていれば、有事の際に上司の許可を取るなどの手順を経ることが不可能な状況であっても、「利用者のために」ということで職員一人ひとりが自分で考え、行動することができます。

　介護事業を経営する法人・企業の経営理念の具体例を紹介します（各法人・社ホームページから抜粋）。

A法人：「わたくしたちは、地域に開かれた、地域に愛される、地域に信頼される『（法人名）』を目指します」

B法人：「私たちは誠意を以て社会参加の信条とし、社業の社会的使

命を弁え、誇りをもって行動し、若々しい情熱で限りない未来への可能性に挑戦します。そして社業の発展を通して豊かな人間生活の向上に貢献します」

C社　：使命「人と人とのつながりを通じて一人ひとりの自分らしさの実現に貢献する」

　こうした経営理念を基にして、先の経営戦略策定のプロセスを一貫したものとして具体的にブレイクダウン（分析）していくのです。

3 組織階層と意思決定

1 意思決定の種類とその内容

　前項で経営戦略の策定を学びましたが、ここで生まれる戦略は1つとは限りません。複数ある代替案の中から、1つを選択することが意思決定です。アメリカの経営学者であるアンゾフ（Ansoff, H. I.）は、トップマネジメント、ミドルマネジメント、ロワーマネジメントの3つの組織階層ごとに意思決定を区分しました（**図表3-1**）。以下では、この3つ意思決定について説明していきます。

図表3-1●組織階層と意思決定の種類

組織における階層	意思決定の種類
トップマネジメント	戦略的意思決定
ミドルマネジメント	管理的意思決定
ロワーマネジメント	業務的意思決定

（1）戦略的意思決定

　介護事業でいえば、「新たな介護保険サービス事業を始める」「施設を増床して拡大路線を目指す」などの企業全体の方向性に関する意思決定が戦略的意思決定トップマネジメントの重要な役割となります。創造性の高い意思決定であり、成功すれば組織にとって大きなプラスになりますが、失敗した場合には大きな損害をもたらす可能性があります。

（2）管理的意思決定

　トップマネジメントが決定した戦略に基づいて、最大限の業績を上げられるように、ヒト・モノ・カネ・情報といった組織内の資源を組織化する意思決定が管理的意思決定です。ミドルマネジメントの役割です。権限・責任関係の構築、仕事や情報の流れの決定といった組織構造に関するものと、原材料調達源の開発、人員の教育訓練、資金の調達、設備の調達などの決定といった経営資源の調達・開発に関するものがあります。戦略的意思決定と業務的意思決定の中間になります。

（3）業務的意思決定

　現場の業務レベルでの意思決定が業務的意思決定です。ロワーマネジメントの職能になります。与えられた仕事の流れや体制のなかで、設定された目標を達成するために行われます。日常的に行われるものが多く、定型的なものも多いのが特徴です。

2 意思決定の権限と責任の明確化

　上記3つの意思決定（戦略的意思決定・管理的意思決定・業務的意思決定）は、相互に依存し、補完し合う関係にあります。業務的意思決定は、戦略的意思決定によって定められた方向性によって、その内容が規定されます。そして戦略的意思決定による組織としての方向性は、現場における業務活動の実践を通して実現されることになります。その業務活動を可能にするための組織構造や体制は、管理的意思決定により設定されるのです。

　介護サービスを提供する事業者のなかには、規模が極めて小さく、上記の3段階の組織階層もない場合があります。そのような事業者であってもこれらの意思決定が存在することに変わりはないのですが、経営と管理が未分化で経営層が戦略的意思決定に関わる業務を行っていないケースや、上位階層が重複して担うケースが多く見られます。

あるいは階層化されている組織でも経営者層が業務的意思決定にまで過度に関わり、管理者層の業務における権限と責任の関係を崩してしまい管理者層の成長を妨げているケースや、経営者層がその役割を十分に果たしていないというケースもあります。

　意思決定を円滑に行うためには、経営者層と管理者層の役割を意識しながら、適切な権限移譲と効果的な業務遂行を図るための役割分担を再構築することが求められます。

4 事例 介護サービス事業所における役割分担と組織形態

1 概要

　法人Dでは、通所介護事業の多店舗展開を図ってきました。現在、5拠点のデイサービス事業所を有していますが、今後の事業内容について通所介護事業だけでよいのか、別の事業への展開を考えるべきか悩んでいます。

　というのも、通所介護事業という単一のサービスを展開しているだけでは、介護報酬改定の影響を補いきれないという危険性を有することとなります。通所介護事業の介護報酬が下がったり、加算されていたものが包括されて減算になったりというケースを考えると、長期的に職員の賃金体系を維持しきれるかどうかが危惧される状況にありました。

　法人の設立は2002（平成14）年度で、それまで特別養護老人ホームで勤務していた介護職員と看護師の2名を中心に仲間を呼び集めてつくったものです。設立当初より、経営トップの2名が経営管理を一手に引き受けてきました。しかし、地域の要請による多店舗展開を図るにつれ、職員の採用や労務管理、財務管理などに関わる時間が膨大になったことから、拠点別に責任者を設けながら、事業部制の組織形態に変革させてきました。

　事業部制の組織形態におけるメリットは、事業部ごとに目標設定を行いながら、成果責任を明確にできることなどにあります。その反面、デメリットとしては事業部同士のコンフリクトが発生することや、事業部ごとに細かな経営環境が異なることから、事業部がそれぞれに創

意工夫が求められるため、指示命令が一元化されにくいといった点があります。法人Dでは事業部制組織に移行するうえで、指示命令を一元化するための工夫が必要であったことから、各事業部が拠点別に業務管理を行うために、下記のように各階層の責任を明らかにしました。

①法人全体の中長期的な事業計画を策定する戦略的意思決定については経営トップが行うこととする
②業務活動における意思決定は拠点別の責任者に委ねるものとする
③事業計画の達成度を確認したうえで、現状把握と課題抽出に基づく経営管理上の意思決定は経営会議（経営トップ、本部事務管理者、各拠点責任者で構成）で行うこととする

　ここで行われた工夫は、組織運営の基本的な方針となる「理念」「使命」に基づいた「方向性」について、①にあるように経営トップが示すことで経営責任を明確にした点と、事業部ごと（拠点ごと）に裁量権を与え、指示命令系統を明確にし、最下層の職員と事業部責任者の間で、情報伝達や意見交換をしやすい形で組織管理ができるようにしたことです。
　業務によって得た成果をどのように再投資するかについて、決定する権限が経営トップの2人に委ねられている構造であることから、各事業部は短期的な業績を積み上げたとしても、法人としての中長期的な取り組みが補完することによって安心して業務を遂行できる体制になっています。
　しかし、経営トップが中長期的な成長戦略を描けるかどうかは能力次第であり、法人Dが地域の要請によって成長してきた過去の成功体験は、今後の事業経営において当てはまりにくくなっています。業務管理を行う拠点ごとの事業部の責任者は、現在実施している通所介護事業以外に、新たな事業を計画するためのマーケティング戦略の立案やリサーチも実施できておらず、経営会議においても、あくまでも現業について最大限の業績を出すための方策を練るものになってお

り、新たな事業領域に関係する議論は行われていません。

　また、通所介護事業のみに特化してきたことで、これまでは人材育成もそのなかでのみ行われてきました。その結果として、通所介護事業におけるプロフェッショナルは育ってきていますが、他の事業との人事交流などもないため、幅広い市場のニーズを自立的に拾い上げていく機会も少なく、新たな事業創出を図るための周辺知識や経営知識も不足しています。

　現在法人Dは、今後の事業展開へ向けた戦略的意思決定を行うことが困難な状況となっています。このケースでは、トップマネジメント・ミドルマネジメント・ロワーマネジメントのそれぞれの領域において、どのような改善が必要となっているのでしょうか。

2　回答例

（1）何を変えなければいけないのか

　法人Dは①②③で培ってきたマネジメントの工夫を活かしながら、経営環境の変化に対応できるようにすることが喫緊の課題です。

　これまでは地域の要請に応える形で成長して来ましたが、同業他社が増えてきている昨今では、地域の利用者から見れば選択肢の1つにすぎません。

　職員は、量的拡大によって事業を拡大してきた、これまでの成功体験とは異なる経営戦略を考える必要があり、そのための改革を求められます。従来は地域の要請で「デイサービス」という製品志向に基づき、顧客は地域行政を対象に拡大してきました。これからは市場志向に転換し、利用者のニーズに適合する事業を新たに構築していかなければならないのです。職員には、「そもそも自分たちは何を販売する事業者なのか」という根底からの変革を意識させなければなりません。そして、選ばれる事業所を作り上げるためには、地域の利用者ニーズを正確に把握し、今後のニーズの変化についての予測を中長期的な視点

で立てることが不可欠となります。

　そのためには、マーケティングを実践し、変化する市場に対応するための中長期経営計画を策定することが重要な意味を持つことでしょう。まずは、トップマネジメントにおける戦略的意思決定に必要となるデータなどの材料を集めるために、地域の利用者のニーズ調査などが必要となってきます。

　利用者ニーズの調査の方法としては、以下のような方法があります。

①市場ニーズの調査
　実際に売りたいもの（サービス）をイメージしながら、どんな機能や価格（公定価格以外の部分）が必要か検証していく活動

②利用者の消費行動や嗜好の調査
　すでに利用している方々の利用状況や嗜好を調査して、新たな付加価値を見出していく活動

③サービスの販売・広告戦略の評価
　販売中の商品・サービスについて、より販売数（稼働率・稼働時間など）を伸ばすための戦略を構築する活動

④サービスの受け止められ方の予測
　新たに販売・提供するサービスについて、どの程度利用されるか、販売後の再販が介護保険法などの外部環境の変化が起きた際にも可能かどうかなど、法改正や市場ニーズを反映したプロダクトライフサイクルを含めた予測を立てる活動

（2）トップマネジメントの役割

　介護事業所のトップは、「経営の専門家ではない」ということを不安視されることが多々あります。しかし、介護事業に限らずどのような事業であっても、最初から経営の専門家といえるだけのスキルを持つ方は少ないのが実情です。経営支援を行う専門の企業でさえ倒産するのです。そうしたなかで経営に必要なノウハウを蓄積し、活用することで状況を打開していくわけですが、そこでもっとも重要な資質と

なるのは、経営の専門的知識よりも経営理念や使命感・ビジョンを追及する力です。

これはどのような事業のトップにもいえることです。経営を安定化させ、発展させるために必要な経営的ノウハウについては、不足する部分を外部のコンサルタントに依頼するなど、専門家によって補えますが、経営理念や使命感を外部の専門職によって補うことは不可能です。戦略的意思決定に必要なデータや、戦略への展開方法などは経営の専門家の力を借りるなどをして対応するとよいでしょう。

そのうえで、介護保険制度などの動向と利用者のニーズの変化について、中長期的な予測を立てます。予測が立ったならば、組織における目標を明示するための経営戦略を構築します。その後、経営戦略にそって中長期経営計画を策定し、ミドルマネジメントとロワーマネジメントで実践するべき行動計画へと結びつけます。

(3) ミドルマネジメントの役割

ミドルマネジメントの階層では、トップマネジメントによってなされる経営戦略に応じて、計画を策定して必要な内部環境を整える改革が求められます。たとえば、トップが新サービス開拓戦略を打ち出して、「娯楽施設型のデイサービスの試験店を構築する」と決定したとします。ミドルマネジメントの階層はその戦略に沿って、職員が目標達成しやすいように、職務を定義し、分業化・部門化の見直しを行い、権限移譲のレベルなども再構築していく役割を果たすことになります。

(4) ロワーマネジメントの役割

ロワーマネジメントの階層は、与えられた事業環境のなかで最善の結果を出すことが求められます。経営資源の獲得方法や、資源を活用して成果を得るまでのスケジュールの設定などを再構築するほか、現場から見える状況について戦略面における改善ポイントを上程するなどを行います。

確認問題

問題1 以下の文章の（　）に、適切な言葉を記入しなさい。

①トップマネジメントによる意思決定は（　　）意思決定である。

②ミドルマネジメントによる意思決定は（　　）意思決定である。

③ロワーマネジメントによる意思決定は（　　）意思決定である。

確認問題

解答1 ①：戦略的　②：管理的　③：業務的

第4章
組織文化

1. 組織文化とは
2. 組織文化の形成とその機能
3. 事例①
4. 介護福祉業界に求められる組織文化とは
5. 事例②

1 組織文化とは

1 組織文化とは何か

　組織文化とは、言葉のとおりとれば「組織の文化」ということになりますが、より具体的に考えると、組織の構成員の間で形成される、価値観やものの見方・考え方、行動様式などの総称であるといえるでしょう。従業員が何をすべきか、何をすべきでないか、また、すべきことをどの程度すべきであるかの基準を定めるものです。

　就業規則のように明文化されることは少なく、従業員が「暗黙の了解」として何となく共通に認識しているものです。明文化されていない分、新入職員など新しく組織に入ってきた人間にはわかりづらいものです。組織のなかで過ごすうちに自然と理解し、身に付いていくもので、これに順応することでその組織の人間らしくなります。中途採用者などで、他の組織文化のなかにいた期間が長いようなケースでは、仕事のやり方などはルールとして順応できても、新しい組織文化を理解するには時間がかかる場合もあります。

　組織文化は、組織内部から客観的に見ることは非常に難しく、また変えようと思っても簡単にできるものではありません。組織の変革とは組織文化の変革でもあります。

2 組織文化の形成とその機能

1 組織文化を形づくるもの

　組織文化の形成には、組織構造や組織デザインに関わる要因がすべて関与しています。組織文化を規定する要素には、**図表4-1**のようなものがあります。

図表4-1●組織文化を形成する要素

①近接性	互いが近くにいるという対面的な関係が、考え方や見方の共有のためにはもっとも効果的である。支社や出張所の多い組織は、それぞれに固有の風土はできても、それらを横断するような組織文化は形成されにくい。そうした組織では物理的に遠くても心理的には近い雰囲気を醸成することで、強力な組織文化をつくることが必要
②同質性	構成員が互いに類似し、同質であるほど、認知、知覚のバラツキは小さくなる。性や年齢、学歴、職位などの特性、興味や関心が似通っているほど強固な文化が形成される
③相互依存性	協力し合わなければならない仕事では、連絡調整の必要から、相互依存関係の度合いに応じて集団内のバラツキが小さくなる
④コミュニケーション・ネットワーク	情報の流れが一方的であったり、特定の場所に集中したりするよりも、相互的で全体に行きわたるマルチチャネル型のネットワークのほうが、同質の情報を過不足なく全員に伝達できるので、明瞭な文化が形成されやすい
⑤帰属意識の高揚	ロイヤリティを高めるためのさまざまな経営管理の技法は、構成員の関心を組織に向かわせることに貢献する。研修を通じた社是・社訓の徹底、自社のスポーツチームの応援なども、帰属意識の高揚につながる

出所：桑田耕太郎、田尾雅夫著『組織論』（有斐閣）をもとに著者が作成

　企業の組織文化を従業員が同じように理解し、行動するようになると、「何をどのようにやればよいのか」という方向性が同じになるため、さまざまな場面で合意が形成されやすくなります。そのため、組織文

化を従業員に共通に理解させる目的で、次のような機会を提供することに努める組織が多く見られます。

・共同生活の場
・職務以外での従業員のつながりを育成する場
・人間関係が密接になる小集団（サークル）活動の展開

組織文化は、「どうすればよいのか」という指針にもなりますが、それが明確になっていればいるほど、組織のメンバーがその価値を受け入れ、同調を求めるようになっていきます。それは組織を統合する力（機能）となり得ますが、一方では組織の固定化・画一化といった逆機能を発生させることにもなり得ます（**図表4-2**）。

組織文化は強力であればあるほど、「信じるべきものである」とする社会的なパワーを創造して、すべてのメンバーがその価値を受け入れ、同調を求めるようになっていきます。それは組織を統合する力（機能）となり得ますが、一方では組織の固定化・画一化といった逆機能を発生させることにもなり得ます。

図表4-2●組織文化の順機能と逆機能

順機能	組織を統合する	モチベーションのベースになる
		判断のベースになる
		コミュニケーションのベースになる
	競争優位を持続させる	組織的学習の促進により成功体験が強化される
		組織文化の模倣は難しいため、自組織にとっては持続的競争優位の源泉になる
逆機能	保守化と固定化	過去の成功体験に依存し、変化の必要性を認識できたとしても新たな行動が困難になる
	組織の画一化	組織文化に同調しない者を排除し、同質性の高い者同士で構成されることになる

出所：桑田耕太郎、田尾雅夫著『組織論』（有斐閣）をもとに著者が作成

3 事例① 組織文化の革新をスタッフに浸透させるには

1 これまでの組織文化

　法人Eは、新たな理事長として、理事長の長男に事業承継を控えている、設立30年を超える法人です。事業承継者である理事長の長男は、現在は特別養護老人ホームの施設長をしています。法人は、設立時に50床だった特別養護老人ホームを、現在までに増床によって200床までに拡大しています。

　法人Eの理念は、
「私たちは、支援を必要とする利用者の方々が、自立した生活が営めるように最善の支援を実施します」
というものでした。

　経営理念は、組織文化を構築するうえで根本的な指針です。法人設立時は、介護保険制度がなく、特別養護老人ホームは措置制度によって運営されている施設でした。施設長は、法人設立時からの経営理念は、これからの時代に適合性が低いような気がしてなりませんでした。なぜなら、職員の誰しもが「私たちの仕事は介護保険に規定される介護サービスを提供することです」と言っていたからです。

　介護保険法に規定されるサービスを実施しているのですから、この職員たちの言うことは間違いではないはずです。しかし、社会保障費の増大により、介護事業の予防重視へのシフト、施設から在宅へのシフトという施策の変換が行われるなか、有料老人ホームの建設においても総量規制がされるなど重大な経営環境の変化が起きています。最近では、総量規制後の有料老人ホームでさえ空床が目立つようになっ

てきました。

　施設長は時代が大きく変わってきたことを感じ、このまま「介護サービスを提供する事業者」という位置づけで職員に固定概念化すると、サービス志向に陥って、組織文化に柔軟性が失われる危険性があるのではないかと考えました。変化する時代に適合する組織文化を構築しなければなりません。

　そこで、サービス志向からの脱却をめざし、新たに
「私たちは、高齢者が最期まで自分自身のライフスタイルを構築し続けるお手伝いをし、楽しく夢のある生活環境を提供します」
という理念を掲げました。職員に対してサービス志向から市場志向へと意識の変換を期待したのです。そして「なぜ理念を変えなければならないのか」「これからの時代に求められる組織であるためにはどうすればよいのか」について、職員に対して直接自分の言葉で語るようにしたのです。

2 新しい理念の浸透で組織文化を変える

　職員は、最初は何が変わったのかわかりませんでしたし、施設長が求めるものがこれまでとどう違うのかも理解できませんでした。しかし、施設長の丁寧な講話を繰り返し聞くうちに、これまでの、「自分たちは介護保険法上のサービスさえしていればよい」という思想は、変化する時代に適合するうえで危険であると気づき始めたのです。
「私たちは、高齢者向けの夢あるライフスタイルを販売する事業者です」と位置付けたうえで、改めて自分たちの仕事の仕方を振り返ってみると、今までの仕事の仕方は、利用者の選択肢を狭めるものであったのではという感覚が芽生えました。「介護保険サービス」という枠のなかだけで考え、本当に利用者のニーズを汲み取ることができていたのだろうかという疑問が生じてきたのです。職員は、仕事の仕方を変えるために、介護保険法にも適合し、かつ、新たな理念に適合する

サービスのあり方を模索し始めました。

　その新しい動きは、当初は一部の職員によってのみ行われていましたが、徐々に他の職員も触発され、「もっとこうしよう」「こうしたらさらに効果が上がるのではないか」という意見も自然と上がってくるようになりました。

　施設長は、職員のなかから出てきたそのような動きをより活発化させ、組織として動いていくことができるように、利用者のニーズを徹底的に分析することと、介護保険法外のサービスを含めた新たな介護事業の在り方を検討するためのプロジェクトを立ち上げました。経営理念の変更と浸透によって、現場を掌握しながら、新たな組織文化を構築することにつなげられ、事業承継の準備も整いました。

3 新たな組織文化の元となる理念を浸透させるポイント

　この事例からわかる「組織において理念を浸透させるポイント」は、
①経営理念をトップ自らが丁寧に説明を行っていること
②経営理念は外部環境の変化があっても事業継続性を得続けるための経営哲学が反映され、かつ普遍的なものであること
③経営理念が経営戦略と経営計画に繋がっていることがイメージできること
④経営理念が自分たちの仕事の仕方の尺度となっていること
といえます。

　経営理念は経営トップの哲学であり、組織の進むべき道を示す拠り所です。トップ自らが職員に経営戦略や経営計画に繋がるように説明し理解を得るためのキーワードです。経営戦略や経営計画との整合性のない理念は、単なる職員の姿勢を整えるための文言としてしか機能しません。

　施設長が「サービス志向」から「市場志向」への移行を訴えたことで、

理念から経営戦略への一貫性が伴ったことにより、職員のサービスへの意識変革と認識の一致を得ることにつなげることができました。経営環境の変化があっても拠り所とすることのできる普遍的な哲学があったからこそ受け入れられたのです。

　また「トップ自らが説明を行う」ことも、非常に重要な意味を持っています。職員にとっては、直属の上司を介して伝えられるのと直接トップの声を聞くのでは、大きな差があるからです。一人ひとりの現場の職員が「トップが考えていること」を理解しているかどうかで、組織における理念の浸透具合はまったく変わってきます。これは組織の大小で異なるものではありません。

　そして新しい理念が浸透したことで、職員一人ひとりの意識が変わり、そこから新しい組織文化の構築につながったのです。組織文化の変革は、小手先でどうにかなるようなものではありません。単純に目標を変更したり、新しい部署を作ったりしても、従業員の意識が変わらなければ意味がないのです。「組織文化を変えよう」として動くのではなく、理念という企業の根本を変え、その意味を従業員に理解させることで、新しい文化が生まれてくるのです。

4 介護福祉業界に求められる組織文化とは

1 専門職集団の特性

　介護サービスを提供する組織は、高度な知識や技術を有する、看護師、介護福祉士、介護支援専門員(ケアマネジャー)、社会福祉士、理学療法士、作業療法士などの専門職の集団です。専門職は自らの持つ専門的な知識・技術に関しては自信を持っており、同じ知識・技術を持つ仲間同士での結びつきが強いという特徴があります。その反面排他的になる要素も有しており、ほかの専門職や、資格を持たない事務職員等に対しては独自性を主張するようになることもあります。

　非常に多くの専門職種が含まれる複合的な介護事業の経営には、この専門職集団の持つ特性＝プロフェッショナリズムという独自の視点が欠かせません。異なる専門職同士、また専門職と非専門職間における連絡調整などの協働関係は、サービスの質を維持・向上のためにも欠かせないのです。

2 スキルの向上を追求する組織文化

　介護、看護、リハビリテーション、相談援助等それぞれの領域における知識・技術は日進月歩です。一度資格を取得しても、その進歩に追いついていくための研鑽は絶えず行われなければなりません。特に専門職の場合、「スキルアップしたい」「レベルアップしたい」という思いが強いことが多く、そうした要請に応えていくことは、組織全体

の技術、ひいてはサービスの向上の観点から考えても非常に重要です。またそのような環境を整えることは、専門職を引き留めておくための大切な要素になります。スタッフのスキル向上に力を入れることは、退職者を出さず、入職希望者を集めるために、極めて重要な経営上の課題でもあります。

また、スキルアップは経営層、中間管理者層、事務部門など、専門職以外の構成員にも当然必要です。介護サービス提供組織にとって、すべての構成員のスキルアップを奨励する組織文化は、必須のものといえます。そしてそのための取り組みとして、時間的、金銭的、精神的な教育訓練の機会を提供することが欠かせません。

3 専門職間の軋轢(あつれき)を克服する組織文化の醸成

多様な専門職で構成される介護サービス提供組織においては、その資格のバックグラウンドの違いから価値観の違いが起こり、対立が生じることがあります。一人の利用者に対するケア方針をめぐって、医学のバックグラウンドから得られる結論と社会福祉のバックグラウンドから得られる結論が異なることから専門職集団間の対立が起こることは、しばしば聞かれます。

経営管理に当たる者は、そのようにして生じる対立を円滑に解決できる調整の場を設けたり、対立が生じない組織上の価値観を醸成する技術が必要となります。例えば、利用者一人ひとりが最期まで安心して健康的に豊かな生活を送り続けていくために、ケアプランと合わせてステージの変更を視野に入れた個別支援計画を策定し、それぞれの職種がどのように支援を行うかを、利用者の家族を交えてスタッフが定期的に話し合う場を設定するなどが挙げられます。

介護サービス事業所が向き合うのは「仕事の効率性向上」や「業務の成果の創出」だけではありません。もっとも大事なものは「利用者本人と家族の安心」や「利用者や家族との信頼関係の構築」です。経営管

理の側面から向き合うべき課題を共有しようとしてもスタッフそれぞれの専門性が邪魔をしがちですが、利用者や家族のニーズや思いに向き合うとき、お互いの専門性は1つの方向性を示し、それぞれを結び付けます。そういった場の創出を図ることが、介護サービス事業所におけるプロフェッショナルの間で共有すべき組織文化の構築につながるのではないでしょうか。

　次項では、経営管理の側面から課題を共有する際に発生しがちな軋轢（コンフリクト）の事例を示します。

5 事例② コンフリクトの発生

1 コンフリクトの発生過程

(1) 介護事業所の現状

　介護事業所には、さまざまな専門職の職員が勤務しています。専門職の方の特徴として、自身の仕事の範囲には非常に高い関心を持ち、プライドを持って仕事を行う反面、仕事の全体像を見ようとせず、自分の領域以外には興味を示さないといった傾向があります。組織の共通課題を解決するべき会議においても、それぞれの専門性を裏付けとした否定的な意見が出され、解決につながらないケースが多々あります。

　介護施設においては、この専門性によってラインを構築した場合に、専門領域ごとに意見が異なることによって、コンフリクトが発生することが多々あります。特に介護部門と看護部門のコンフリクトは、勤務シフトや一日の業務内容における利用者とのかかわり方に至るまで、専門領域で分けたがゆえに、利用者の健康状態の変化について把握が遅れるなどの問題を引き起こす原因を作ることも多々あります。また、通所介護事業所は多くの場合、非常勤職員を多数雇用していますが、正規職員と非常勤職員の間でやるべき仕事を区分けすることで、雇用形態が異なることによるコンフリクトも生じることがあります。

　法人Fでは、80床の介護老人福祉施設を経営しており、施設には20床の短期入所施設が併設されています。同施設は、当初50床の従来型の多床室でしたが、30床の新型の個室と短期入所を合わせて増設したものです。従来の建物と、30床の増床部分は棟続きですが、

共有している設備は特にありません。

　法人Fでは同施設の50床部分の建物を「旧棟」、増床部分の建物を「新棟」と呼んでおり、財務管理は一体ですが、労務管理は旧棟、新棟の30床、短期入所20床とそれぞれ別々に行っています。施設長は1人で3つの異質な組織を管理しなければならない状況となっています。

　法人Fでは毎月第2月曜日に経営会議を開催します。経営会議には理事長、施設長、事務長、旧棟介護主任、旧棟看護主任、新棟介護主任、新棟ユニットリーダー（法人では副主任扱い）、新棟看護主任、短期入所主任（看護師）、介護支援専門員（ケアマネジャー）、生活相談員、管理栄養士が参加します。

　ある日の経営会議では、「残業の縮減」をテーマとして、次のような議論が交わされました。

（2）経営会議におけるコンフリクト

施設長：「残業が多いようですが、それぞれの縮減に向けた取り組みを検討し、次回の会議までに準備してきてほしいと思います」

新棟介護主任：「私たちは、従来型特養と異なり新型ですので、ただでさえ人員が不足しています。残業はしたくてしているわけではありません。検討するうえで、人員の追加採用といったことも含めてよろしいでしょうか？」

旧棟介護主任：「旧棟でも従来入所いただいている利用者の方々が重度化しており、かつユニット的な対応を取り入れていることもあって、人員の追加採用の必要性は変わりません。新型だからという理由はおかしいのではないですか。旧棟でも増員を検討させていただいてもよいのではないでしょうか」

施設長：「それぞれの現場で、どのような理由で残業が発生しているのか確認はしていますか？」

新棟介護主任：「記録やカンファレンス、労務管理などの業務のほかに、急変対応などがその理由となっていると思います」

旧棟介護主任：「それは私たちも同様ですが、介護だけでなく看護が

手伝ってくれると助かる場面も多くあり、手伝ってもらえれば残業が減らせる部分もあるかと思います。例えば、食事介助や入浴介助も手助けしてもらってもよいのではないですか？」

旧棟看護主任：「看護は手いっぱいです。そもそも看護師が配置される必要性から考えて、介助そのものに携わることは不必要であると考えます。介護士に看護師の業務を手伝えるのですか？ 医療的見地からは旧棟で行っている介護サービスは不適切な面があるような気もしますから、そういった点について私たちから指導を行うことはできるかと思いますし、そうするなかで業務自体の改善によって残業が減らせる部分も出てくるのではないでしょうか」

旧棟介護主任：「看護師だからこの仕事しかしないということでは残業は減らないと思いますし、介護は医療的側面からのみで行うものではありません。介護業務について理解していただくためにも、相談員の業務やケアマネジャーの業務の合間にも手伝えるものにはどんどん参加すべきではないですか？ 介護だけが専門性を低く評価され、つらい思いをしています。会議には短期入所のスタッフも参加してほしい」

一同：「それぞれ忙しいのは変わらないのだから……」

施設長：「手伝えるかどうかを含めて、次回までに意見をまとめてきてください」

　この会議の後、理事長は施設長に対し、職域に発生しているセクショナリズムと、それぞれの専門職種や事業所の間で発生しているコンフリクトを増大させないよう指示しました。

2 コンフリクトの解消に向けて

(1) 発生理由を分析し、対策を考える

施設長は、コンフリクトを整理してみました。

①職員は、旧棟（従来型特養）と新棟（ユニット型特養）の間で介護保険法上の取り扱いに差がある点についての理解が進んでいないようだ。
②看護師の業務範囲が介護職員には理解できていないのは、それぞれの役割を明確にしていないからかもしれない。
③介護職員の不満の根底は、他の職種と比較して公休が取得しにくい点にあるかもしれない。

上記の3点について対応するために、まずは職員全体を対象として、介護保険法の勉強会を開催し、①のコンフリクトの原因を論理的な部分で取り除きました。さらに、それぞれの役割を明確にするための職務定義を実施し、介護職員の有給休暇の取得率を向上させるための業務の見直しを実施しました。業務の見直しにおいては、実際の介護実務よりも記録やカンファレンス用資料作成、行政報告資料などの作成における事務時間が大半であったことが明らかになり、その解消のためにIT化を含めた効率化と必要な記録内容の整理を実施しました。そのうえで、連続3日の有給休暇取得を前提にしたシフト構成を実施したところ、③のコンフリクトは徐々に感じられなくなってきました。しかし、②のコンフリクトは相変わらずです。

ここで、施設長はふと考えてみました。それぞれの職員の意見には、一見してセクショナリズムやコンフリクトが見受けられます。しかし、これらはあくまで自分たちの仕事の効率性向上に対しての意見です。利用者や家族に対して、どのように協力して最適な支援を行うかといった視点から、定められた時間内でできることをアイデアとして出

し合ったならば異なる結果が出たかもしれません。向き合うべき方向性次第で、コンフリクトの発生を抑えることにもつながると考えたのです。

　施設長は職員を集めて、利用者視点に立った職務定義を再度実施するための会議を開きました。すると、会議の場のなかで、看護師と介護職員だけでなく、相談員やケアマネジャーたちも、利用者がサービスを利用する流れに沿って考えるようになりました。その結果、どういったサービスを提供すればよいのか、そしてそれを実現させるためには「自分の何を変えることができるか」という視点に変わってきたのです。

　専門職の集団においては、それぞれが持つ専門性が絶妙に絡み合うことでよいサービスが生み出されます。しかし、その専門性ばかりに目を向けることで、それぞれの職員のパーソナリティを無視した「職種の専門性」によって職務定義していたことが問題を複雑にしていたことに気が付きました。そこで、それぞれの法的な制約による専門分野を前提にした職務分掌を整理したうえで、それぞれのチームでの介護の最適化を目指した「チームケア体制」を構築するべく、利用者サービスにかかわる組織の単位を細かくチーム制にして取り組むこととしました。

　やがて②のコンフリクトは減少し、①の感情的な部分でのコンフリクトも目立つことはなくなりました。

(2) コンフリクトを解消させるポイント

　この事例におけるポイントを、改めて考えてみましょう。まず①の解決策として、法人Fでは職員の施設自体に対する介護保険法上の理解を進めるために、全職員を対象に勉強会を行いました。職員に対して実務に関する教育を行うことは当然のことですが、仕事に関連する制度や仕組みについての勉強会となると、直接仕事にかかわってくるものではないということもあり、優先順位としては下位になりがちです。なかなか実施できていないというのが実情ではないでしょうか。

しかし、職員にとっては「なぜこの仕事をこのやり方でやらなければならないのか」という自分の仕事の根拠となる部分でもあり、そこを理解しているかどうかで、仕事に対する責任感やモチベーションは大きく変わります。

また「自分の仕事」という狭い視野になりがちな専門職にとっては、仕事の全体像を理解する貴重な機会ともなります。他の専門職の役割を理解することにより、「自分たちだけがやっている」という発想から「皆でやっている組織としての動きのなかの一部を担当している」という考え方に変わることができるのです。専門職は自らの仕事にプライドを持っていますが、その部分では専門職同士共感する部分も少なくないため、お互いの職域を理解することが、コンフリクトの解消につながりやすいといえます。

法人Fでは、お互いの職域に対する理解をさらに進めることで、②の問題についても解決の糸口を見つけています。専門職が互いの職域を理解しても、「こちらはこちら」という意識では業務はうまく回って行きません。1つの目的に向かってそれぞれの立場から専門性を活かしたアプローチをしていくことで、1＋1が3にも4にもなるのです。そのことが実感できると、それがやりがいにもなり、相手の専門性に対するさらなる理解を進めることにもなります。

③の問題については、特に同じ悩みを抱えている介護事業者の方は多いのではないでしょうか。介護職員の勤務シフトづくりに何日もかかってしまうという事業所もあります。法人Fでは、業務を整理して書類作成等にかかる時間を削減したうえで、連続3日の有給休暇取得を前提にしたシフト構成を行い、介護職員の不満解消をねらいました。しかしギリギリの人数でシフトを回している事業者などでは、有給休暇取得を前提としたシフトを組むということは非常に困難でしょう。また、事務職員やほかの専門職から「自分たちだって有給休暇をきちんと消化できていないのに、介護職員だけ優遇されすぎでは」といった不満が上がってくることもあるかもしれません。

大切なことは、「不公平感を感じさせない」ことです。職員が「自分

だけが大変な思いをしている」「あの人だけラクをしている」といった思いをしないように公平なシフトにして、それでも不公平感を持っているようであれば「なぜそう感じているのか」をしっかりと話し合って、職員に納得してもらうような働きかけも必要でしょう。

確認問題

問題1 以下の文章で正しいものには○、誤っているものに×を記入しなさい。

①組織文化を形成する要素の1つである近接性とは、近くにいるという対面的な関係が、考え方や見方を共有するために効果的であるということである。

②組織文化が強力であることで、組織の画一化という逆機能を発生させることがある。

③組織理念は自然に伝わっていくことが理想であり、組織のトップが直接説明するような場面は避けたほうがよい。

④組織におけるコンフリクトについて、専門職同士の間では発生することが多いが、専門職と非専門職の間では職域が異なるため発生しない。

確認問題

解答1　①：○　②：○　③：×　④：×

解説1

③組織のトップが直接伝えることで、その本気度が職員に伝わり、理解が促進される。職員一人ひとりが「自分たちが変えていく」という意識を持って動くようになることが重要である。

④介護職員と事務職員など、専門職と非専門職間のコンフリクトもある。専門職は自身の技術や知識にプライドを持っており、非専門職を無意識のうちに下に見ていることが少なくない。そのことがコンフリクトの原因となることもある。お互いの職務の領域を正しく理解できるような働きかけが求められる。

第5章
組織改革

1 組織を改革するとはどういうことか

2 戦略的組織改革のプロセス

3 事例

1 組織を改革するとはどういうことか

1 はじめに

　前章では、経営環境は変化すること、そして環境変化に応じて組織文化の変革が必要となることを述べました。
　本章では、組織改革についてより深く掘り下げて整理していきます。

2 組織の硬直化

（1）組織が硬直化するとはどういうことか

　組織の硬直化とは、組織内における規則や手続き、また部署ごとの役割も明確に規定された結果、規定されたことに従うことが最優先されてしまい、それ以外の動きができなくなった状態であるということができます。組織が硬直化してしまうと、新しい動きを生み出すことが困難になります。その結果、市場の新たなニーズに柔軟に対応できない、制度の変化についていけない、といった問題が生じ、時代に取り残されてしまうことにもなりかねません。
　それでは従来通りの業務を推進する上では問題がないのかといえば、そこにも問題があります。業務を簡素化し、最短距離で動けるような体制になっているのはよいのですが、その結果として、過程に問題があってもその場での対応で済ませてしまいがちになり、問題の本質を解決する力がなくなってしまうのです。その場で対応し切れなくなったときには、すでに修復不可能なところにまで問題が及んでし

まっているということも考えられます。

(2) 組織の活性化、組織改革の必要性

　そのようなことにならないよう、硬直化してしまった組織を活性化させることが必要であり、その手段として組織改革が行われるのです。組織改革に当たって、トップマネジメントとして注意すべきこととはどのようなことでしょうか。いくつかのポイントがありますが、「どう改革するのかを明確にして、全員に周知徹底させる」「職員一人ひとりの目標や役割を明確にする」ということが大前提になります。これは後に出て来る事例のなかで詳しく説明します。

　前章で組織文化を変革したケースを事例として掲載しましたが、組織改革には「こうすれば必ず成功する」という決定的な手法はありません。ただし、大きな変革を行うためには、少なくともしっかりとしたビジョンと準備、実行するためのプロセスと実現させるためのヒト・モノ・カネ・情報の整備が不可欠であるということはいえます。次項ではその条件についてもう少し具体的にみていきます。

2 戦略的組織改革のプロセス

1 改革のプロセス

　組織の戦略、構造・文化などを見直し再構築するためには、まず改革の必要性を認識し、次に具体的な改革案を創造し、その案に沿って改革を実施し、定着を図っていくというのようなプロセスをたどることが基本となります。
　これらのステップについて、順を追って説明していきます。

2 改革の必要性の認識

　改革に向けた第一歩として、「今のままではダメだ」ということに気づき、組織改革の必要性を認識することが求められます。これはトップマネジメントが気づかなければなりません。
　そこに気づくためには、組織と周囲の環境の現状を正しく把握することが必要になります。介護保険制度や介護報酬等がどう変わってきているのか、今後どのように変わっていくのかについて、正しく判断するための情報を収集する能力がまず不可欠です。また地域の競合する企業の動向や利用者の動向といった点についても、抑えておかなければなりません。そのためには利用者へのアンケート等も含めたニーズ調査なども必要になります。自分たちの組織がどのような環境のなかで現在どのようなポジションにあるのかを認識し、現状の問題点を把握してはじめて、どのように変わらなければならないのかが具体的

に見えてきます。

3 改革案の創造

　現状の問題点を把握し、組織改革の必要性が認識されると、次の段階として「どのように改革していくのか」という改革案を創造していくことになります。経営戦略や組織構造、組織文化などをどのようなものに変えていくのか、その目標や具体案をつくり出すプロセスです。

　このプロセスにおいては、一人ひとりが考える「改革像」を、組織として共有化することが必要となります。いくら個人が革新的な改革案を持っていても、それが個人レベルの発想になってしまっては、有効なものとはなりえません。また、個人が考えることができる範囲には限界があり、一人ひとりの発想を集約して、組織としての改革案にまとめあげるまでのプロセスが必要になるということです。

　一人ひとりが自由に発想できる土壌と、それをすくい上げて1つに集約していくためのコミュニケーションが存在することが、有効な改革案を生み出すためには必要不可欠です。ただ、ここで注意しておきたいのは、「自由に発想できる土壌」だからといって、あまりにバラバラでは意味がないということです。自分たちの状況と周囲の環境に関する現状把握と、どのように変わっていくのかという方向性が共有されていることは最低限必要となります。これは上で述べた内容と重なりますが、これらの内容をトップマネジメントだけでなく、組織の全員が理解していることが求められるのです。

4 改革の実施・定着

　望ましい改革案が明らかなったところで、その案に基づいて実際に現在の組織に働きかけ、望ましい組織に変えていく段階となります。

組織が実際に動く段階となりますので、定着するまでは不安定な状態になるため、この間の組織管理は非常に重要です。

改革期においては、現状を維持したいという抵抗勢力があることも少なくありません。これまでの規制が変わることによる混乱も生じます。また、改革によってこれまで部署間で均衡していたパワーバランスが変化することによる対立も生まれます。これらの問題を一つひとつ解決していかなければなりません。

抵抗勢力については、これまでの環境が変わることで、変化への単純な不安もありますが、組織における自身の存在意義が脅かされることへの不安から抵抗しているケースも少なくありません。なぜ改革しなければならないのかをしっかりと説明するだけではなく、新しい組織における役割として何を期待しているのかを伝え、改革に向けて動機付けていくことが望まれます。

組織内の混乱については、組織全体が流動的になるため、必ず生じてくる問題でもあります。予想される問題については、新しい組織体系のもとでどのように修正し、解決されるのかを事前に指針を定めておくことが必要になります。また予想していない問題が生じることもありますので、その際には柔軟に対応できる体制を整えておくことが求められます。

部署間等に生じるコンフリクトに関しては、その緊張関係が改革に向けてよい影響を生むようにコントロールすることも必要となります。

これらの問題への基本的な対策としては、この変革期のマネジメントを専門に担当するチームを形成することです。その際、トップマネジメントはそのチームをしっかりとサポートすることはいうまでもありません。

3 事例
組織改編による経営改善

1 概要

　経営改善の目的で組織改編を行うケースは少なくありません。しかし、それによって組織の何を変えるのでしょうか。例えば組織の職務、階層、分業化・部門化、権限などの基本的な概念を変化させる取り組みによって経営改善することと考えると、イメージがしやすいかもしれません。

　法人Gは、有料老人ホームと訪問介護事業所を経営していますが、経営している経営母体は病院を経営している医療法人です。療養病床削減のあおりを受けて、病院からの退院者の受け入れ先の確保の視点もあり、別法人で設立されたものです。有料老人ホームは「療養病床の受け入れ先」という意識が強いことから、積極的に新規入居者を獲得するという活動はしたことがありませんでした。

　この有料老人ホームはここ数年、資金繰りがうまくいっていません。最近は職員への賞与資金にまで支障を来たすようになりました。経営母体の医療法人からは、職員の人員整理を含めた抜本的な改革を指示されています。有料老人ホームの施設長は、いち早く経営改善を実施しなければなりませんでした。

　有料老人ホームには、母体の医療法人の療養病床を経て、入所される方がほとんどであり、医療ニーズが高いという特徴を持っています。入所されてからも内科や整形外科での複合的な診療を必要とする方々が多く入所されていることから、介護サービスはもとより、看護師の配置が欠かせない状況となっています。

組織形態はライン組織で、専門職能別のラインを形成して、権限執行の形態としては官僚制組織のトップに施設長がついています。

　稼働率が上がれば、資金繰りも改善されるはずです。当法人の稼働率を上げる責任者は施設長であり、介護主任と看護主任と施設長で構成する入居準備委員会で協議しながら稼働率向上を進めることとなっています。この委員会は、入居するに当たり受け入れ態勢を構築することにあわせて、利用者と家族に対して、入居にかかわる契約と説明を行う役割が中心となっていました。

　空床は数年続いています。その理由について、施設長は入居一時金の高さが障壁であると考えていましたので、一時金を引き下げられないか、値引きの検討ばかりをしていました。しかし、実際に調べてみると、入居一時金は近隣の同業他社に比べて同じレベルであり、目立って高いことはありませんでした。

　病院を利用した患者が、療養病床を退院し在宅に戻ることが困難な場合、当施設の空床は患者や家族にとって大変便利なものでしたが、最近は病院からの空室の照会もありませんでした。

　なぜ、病院から利用者が来なくなったのか。医療法人側に聞いてみると、MSW（医療相談員）は、「在宅復帰を目指して退院調整をしている中で有料老人ホームへの入居は積極的にはおすすめしていません」と答えました。同じグループ組織でもあり、自分たちの施設をもう少し活用するようにできないものか尋ねると、「患者や利用者の囲い込みになるようなことはできないので、常識的な協力の範囲を超えてはできない」との返答がありました。確かに、コンプライアンス上の問題もあることから、囲い込みはしたくありません。では、どうすれば新規の入居者を獲得できるでしょうか。

2 解決策

(1) 新規の専門部隊の設置

そもそも、当ホームの入居準備委員会は新規入居者を戦略的に獲得する機能を持っていませんでしたし、そうした組織を作ってはいませんでした。設立時には、療養病床削減の要請も手伝って、一気に7割近くの入居が決まりましたし、系列の病院からの入居も多数ありました。既存の入居者のほとんどがその時の入居者です。しかし、既存の入居者以降の新規入居者が集まらないのです。新市場開拓戦略が必要でした。さらに、組織の職務、階層、分業化・部門化、権限などの基本的な部分から組織を再構築する必要を感じた施設長は、受動的に入居者を受け入れる体制から、積極的に獲得できる組織を構築するために、看護部門や介護部門から人を集めて、集客機能の構築を目的としたプロジェクトを設置しました。

これまでの施設における職務内容は、サービスの提供を開始してから退居するまでの間の介護・看護業務と考えていました。しかし、積極的に集客を目指していくということになり、サービス提供開始の前段階の「新規入居者の獲得からが本来の業務である」と位置づけなおすことが必要でした。

これまでの業務範囲と実務内容が異なることから、募集から入居、入居から退居までの利用者の各ステージにおいて、改めて分業する部分や部門化する部分を検討しました。結果として、集客はすべての職員に等しく割り当てる業務ではなく、専門化したほうが効率的であると判断されたので、施設長直轄の専門部隊を構築することになりました。

専門部隊とはいえ、他の業務と兼務せざるを得ない台所事情がありました。しかし、そこは統制範囲の原則を超えるような兼務体制とはしないように留意したので、職員は大きなストレスなく兼務をこなしてくれました。やがて、専門部隊は集客を最大化させるために、近隣

の病院のMSWや、居宅介護支援事業所に対して営業活動を始めました。強いパイプの構築や、イメージアップによって周囲のホームとの差別化を明確に訴えることが彼らに課せられたタスクでした。母体が医療法人であり、かつ、医療に強い有料老人ホームというイメージ広告戦略も功を奏し、集客は徐々に上向き始めています。

(2) 組織改革成功のポイント

　法人Gの組織改革が成功した理由を整理して考えてみましょう。このケースでは、まず何のために組織を変えるのか、という目的が明確であったことが挙げられます。当たり前のように思うかもしれませんが、目的がなければ成功はあり得ません。「なぜ新しい組織を作る必要があるのか」を、職員が理解しなければならないのです。

　ここで大切なのは、新しい組織（チーム）の構成員だけでなく、全職員がその目的を理解していなければいけないということです。新しい組織で新しい動きをするといっても、他の部署の協力が必要になるからです。「何か新しい組織ができたみたいだけど、自分たちには関係ない」と考えているような部署があったとしたら、いくら協力を求めたところでうまくいかないというのは容易に予想できるのではないでしょうか。また事前にしっかりとした説明を行わないと、「会社は現場（営業・事務）ばかりに力を入れて、こちらの部署の動きは見ていないのではないか」といった疑念を抱かせることにもなり、不要なコンフリクトの発生要因となってしまうこともあります。新しい組織をつくるときには、組織のトップは現状の問題点と、それを解決するための手段として組織改編が必要であるということを全職員に対して説明し、理解を求めることが不可欠です。

　次にポイントとして挙げられるのは、「統制範囲の原則を超えるような兼務体制とはしない」という方針をしっかりと打ち出したことです。このケースのように、本来の業務を持ちつつ、兼務による専門部隊での役割を担うという場合、「本業とどちらの業務を優先すればよいのか」「専門部隊の指示と本業の上司の指示が異なった場合はどち

らに従えばよいのか」が明確になっていないと、現場の職員は混乱してしまいます。業務自体の難しさといった点よりも、現場レベルで判断できないようなことまで押し付けられるということに、職員はストレスを感じるのです。本業に加えて新規の業務を兼務しなければならないという職員の立場を考え、余計なストレスを与えることがないよう、指示命令系統と業務の範囲は明確にしておくことが求められます。また、このことは職員だけでなく、本来の業務を行う部署の上司や職員にも知らせておく必要があります。上司だけでなく同僚が知っておく必要があるというのは、兼務の仕事が増える分、本来の業務がその他の職員に割り振られる場合も考えられるため、そこで通常以上の負担がかかることになる職員には、事前に理解を求めておかなければならないからです。

　最後に、やるべきことがはっきりと見えていたことがポイントです。このケースでは、「新規入居者の獲得」という大きな目標を達成するために、専門部隊には「強いパイプの構築や、イメージアップによって周囲のホームとの差別化を明確に訴えること」というはっきりしたタスクが与えられていました。自分たちが何をやるべきなのかが明確になっていれば、職員も積極的に動いてくれますし、そのなかから新しい意見や方向性が生まれ、活動もより活発化していきます。それが「どうすればよいのかをまず考えよう」というところからのスタートになると、実際に動き出すまでに何か月もかかってしまうことも少なくありません。そこに時間がかかってしまうと、「あの部署は何もしていない」などの評判が立ってしまい、他部署との関係性が壊れてしまうこともあります。まず動ける環境を用意することも、成功するための重要なポイントであるといえます。

　組織改編は法人合併などのように大掛かりなものもあれば、この事例にあるような日常的に行われる改編もあります。改編規模の大小を問わず、組織改編は経営戦略によって行うものです。経営戦略の重要性を忘れてはなりません。

確認問題

問題1 以下の文章で正しいものには○を、誤っているものには×を記入しなさい。

①組織が硬直化すると、新しいニーズなどへの柔軟な対応が困難になる。

②組織改革の必要性を認識するためには、的確な現状認識が必要となる。

③組織の改革案は、現場を混乱させないためにロワーマネジメントの階層には伝えないほうがよい。

④組織の改革期には抵抗勢力がある場合もあり、改革後の運営の妨げになるため早めに切り捨てたほうがよい。

確認問題

解答 1

①：○　②：○　③：×　④：×

解説 1

③現場の職員一人ひとりにまで、しっかりと伝えることが重要である。なぜ改革が必要なのかという理由と、どのように変わるのかというビジョン、そして新しい組織でどのような役割を期待しているのかを伝えることで、職員のモチベーション向上につなげていく必要がある。

④抵抗勢力は、新しい組織への不安から抵抗するケースも多い。なぜ抵抗しているのか、その理由を把握し、話し合うことが求められる。改革の意図や新組織での自分の役割を理解することで大きな戦力になってくれることもあり、単純に切り捨てるという判断はすべきではない。

第6章
コンプライアンス経営とガバナンス

1. コンプライアンス
2. 事例
3. ガバナンス
4. コーポレート・ガバナンスの強化に向けた取り組み

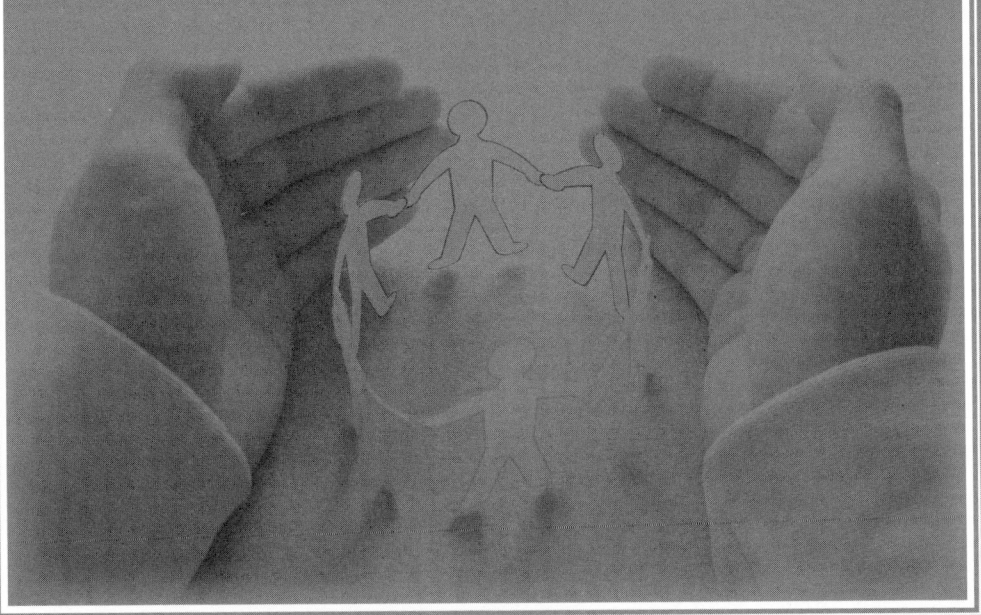

1 コンプライアンス

1 コンプライアンスとは

　コンプライアンスとは、「法令や規則を遵守する」という意味です。さらに法令等公的なものだけでなく、社会良識、社会ルール、組織内の規則、企業倫理などさまざまなルールを遵守した経営を図ることを「コンプライアンス経営」と呼びます。

　近年、コンプライアンス経営が重視されるようになってきたのは、組織によるさまざまな不祥事がきっかけです。この流れは、一般企業であっても、介護事業者であっても同じです。特に介護事業においては、利用者の自宅に出入りすることも多く、家族よりも利用者と接する時間が長くなるケースもあるなど、事業者と利用者との間の信頼関係が非常に大きな意味を持つ分野です。一般の企業以上にコンプライアンスへの意識を高く持つ必要があるといえます。

　特に、介護事業においては「利用者が事業者を選べるようになった」のが介護保険制度施行以降のことであり、事業者側に「サービスを選んでもらっている」という意識が希薄なケースも見られます。利用者個人の権利意識が明確になり、サービスの安全・安心への要請が高まっているという背景を確実に理解し、そのサービスを生み出す組織における安全・安心の実現に向けての体制づくりに関心が高まっていることを十分に理解する必要があるのです。

　コンプライアンスに関しては、組織として違法な行為の有無を問題が生じる前にチェックしておかないと高額の損害賠償請求が発生したり、組織の信用やブランドに傷が付き、不祥事によって倒産する可能

性すらある、ということが広く認識されるようになってきています。

2 コンプライアンス経営とは

　前述のとおり、コンプライアンス経営とは、公に定められた法令等にとどまらないさまざまなルールを遵守して経営することです。それは、単に不祥事を起こさないように法令を遵守するというだけでは、効果的な成果を得られないからです。

　つまり、不祥事を起こさないことを目的とするのではなく、組織全体をあげて、社会から信頼される組織であることを目標に置き、そのために法令遵守のみならず、社会的な良識や諸ルールに合致した組織の規範、倫理を構築し、それに基づいて行動することが、構成員の健全に働こうという意欲の醸成や成果を上げることにつながるからです。

　そうした組織の倫理を確立するためには、実践可能な仕組みをつくることが必要です。すなわち経営者、従業員、取引業者等組織に関係する人々がすべて法令および組織のルールを遵守することができるように、これを担保するための監視・報告等のシステムを構築・整備することが求められるのです。

2 事例 介護サービス事業所におけるコンプライアンス違反

1 概要

　法人Hの施設長に、相談員から「ある介護職員が利用者を虐待しているのではないか？」といった報告が寄せられました。その利用者は先日ケガをしており、利用者の家族からはケガをした理由を示すように指摘されたばかりです。

　施設長はその介護職員を呼び出して話を聞くことにしました。介護職員によれば、利用者のベッドには転落防止用の柵が必要と介護主任に何度も訴えたが「身体拘束を行うことになるので柵は付けない」との指示があり、そのままになっていたところ、結果的に利用者が転落したことによってケガをしたということでした。施設長は介護主任にも話を聞いたところ、「転落防止柵を付けることを家族と話し合えば良かったが、話し合うだけの時間が作れなかったのでそのままにしていた」と説明しました。

　その後、施設長は家族に対して次のように説明をしました。
①利用者自身が、職員が目を離しているときにベッドから転落したことによるケガである
②ベッドに転落防止用の柵を付けることもできたが、身体拘束につながることから安易に付けることができなかった
③今後は、転落を防止するために柵を付けることを含めて家族と協議させてほしい

　この説明によって、家族は再発防止を求めながら施設を後にしました。

その後、数日してから家族が再度施設を訪れました。家族は大変憤慨していました。理由を聞くと、施設職員らが居酒屋で自分たちと特定できるような内容で、「迷惑なクレーマーだ」と大声で話をしていたとのことでした。さらに酔った職員は、利用者の下の名前を呼び捨てにしながら侮辱的な表現をしたということです。その居酒屋には家族の友人が勤めており、その友人から話を聞いて怒って施設を再訪したわけです。また、その職員は「こんな施設は辞めてやる」と言いながら、他の施設にみんなで集団転職しようという話までしていたということでした。

　施設長は利用者家族に対して謝罪をし、事実確認を行いました。その職員は、「そこまで言ってはいないし詳しく覚えていない」と言います。しかし事実はどうあれ、施設が長年培ってきた利用者や家族との信頼関係や地域との信頼関係はすでに確実に失われてしまったことは明らかでした。

　たった数人の職員による、たった一人の利用者に対する対応で、地域全体からの信頼を損ねたのです。「少しぐらいは」とか、「今は仕事中ではないのだから」といった気の緩みは、取り返しのつかない事態を招くことを意識しなければなりません。利用者は「安全」や「安心」を求めると介護事業者は知っています。しかし、「安全」は信頼を得て初めて「安心」となるのであり、信頼のない事業者に大事な家族を委ねることはできないというご家族は多いでしょう。いくら「安全」であったとしてもです。

　法令遵守における教育について「社会人であれば当たり前に備わっているだろう」と思い込んで、組織として定期的・継続的に教育・指導してこなかったことが影響した可能性もあります。施設長の立場として、日頃から職員に対し、どのような配慮が必要だったのでしょうか。

2 解答例

　この事例は、施設長など経営管理監督者が日々の教育を徹底していなかったことが原因ともいえます。今後、再発防止を実施するうえで、どのように改善するのかを、家族会などに対しても真摯に説明をし、改善状況を定期的に報告しながら、第三者委員などを増やして透明性の高い施設に変革させることが必要となるでしょう。

　家族は「安心」して任せられる施設であると期待しているのです。自分たちができる範囲をしっかりと家族に伝えたうえで、同時にどのようなリスクがあるかも丁寧に説明することが必要です。

　職員には、なぜ家族にそうした説明が必要なのか。自分たちが求められている「安心」とはいかなるサービスをもって実現するのかを説明し、実践させることが大切です。「安心」を獲得するために、当たり前に実践すべき「安全」の前提であるコンプライアンス違反防止については、職員に対して常日頃から徹底した指導を行うことが重要です。

　指導方法は、常に職員自身が考える機会を持たせることと、厳格な態度で指導することが大事です。座学で「あるべき姿」のみを聞くだけで終わったり、OJTの場で養育的なアプローチで伝えるだけでは、実践につながりにくいのです。具体的なケースを複数用いて、「自分だったらどうするか」「どこがいけなかったか」「現在の自分たちは適切に実践できているか」といった確認をする機会を織り交ぜながら、非常に重要な問題であるという意識を芽生えさせるように進めるとよいでしょう。

　また、就業規則にも法人の職員としての遵守すべき内容を明示するほか、職場にも書面で掲示するなどの取り組みも行うべきでしょう。さらに、職場風土にも目を向けて、組織において日常的に行われている職員同士のコミュニケーションにおいてセクハラ（セクシャル・ハラスメント）やパワハラ（パワー・ハラスメント）がないか確認するこ

とも重要です。

　法人の理念を中心に、現状を客観的に評価する機会とあわせて、定期的な指導の機会を持つことが再発を防ぐために必要となるでしょう。

3 ガバナンス

1 ガバナンスとは

　ガバナンスとは、一般には「組織における意思決定、執行、監督に関わる機構を健全に統治すること」です。行政機関などの外部からではなく、組織が自らを健全に統治することは「コーポレート・ガバナンス」といいます。具体的には、組織が経営を監視するために必要な経営管理機構を設置し、非効率・不健全な行為をする経営者には制裁を課したり、企業内容・情報等を開示したりすることです。

　こうした制度は、組織の統治機関について定められた法令にのっとったうえで組織が独自に運用していくものです。組織統治の機関、会計の表示方法、情報開示の内容と方法は、法人ごとに規定する法律が異なっています。営利企業では会社法、上場企業では金融商品取引法により、株式会社における取締役、監査役(会計参与等)の形態等の組織統治や会計情報の表示内容等、ディスクロージャーについての規定がなされています。社会福祉法人については、社会福祉法と厚生労働省令である社会福祉法人審査基準および社会福祉法人定款準則や社会福祉法人会計基準等により規定されています。

　法令により定められている組織の統治機構である最高議決機関(株主総会等)、執行機関(取締役会、理事会等)、内部監査機関(監査役、監事等)が十分かつ効果的に機能するよう、運用するさまざまな取り組み、外部に対する情報開示・情報提供を積極的に行って、外部からの信頼を得ることがコーポレート・ガバナンスなのです。

4 コーポレート・ガバナンスの強化に向けた取り組み

1 コーポレート・ガバナンスの要素

　コーポレート・ガバナンスの強化に向けた取り組みを行うにあたり、そのポイントとなる重要な要素を以下に挙げます。
①経営の透明性・健全性・遵法性の確保
②企業の利害関係者へのアカウンタビリティー（説明責任）の重視・徹底
③迅速・適切な情報開示
④経営者と各層の経営管理者の責任の明確化
⑤内部統制の確立

2 具体的な取り組み

　コーポレート・ガバナンスの強化に向けた具体的な取り組みには、以下のようなものがあります。

（1）組織外部からの役員登用
　株式会社においては、①委員会設置会社の選択、②社外取締役や社外監査役の増員など、組織外の人間を役員に置き、一部の社内役員の専制を防いだり異なる視点を活用する取り組みがあります。

(2) 社会福祉法人等の公益法人における評議員会の有効活用

　社会福祉法人においては評議員会を置くことができます。評議員会を設置する社会福祉法人では理事、監事を評議員会で選任することとされているので、牽制機能が内在します。

　ただし、形式的でなく効果的に運用するためには、省令で求められている利用者・家族の代表、職員の代表、学識経験者など、地域を代表する評議員に積極的に役割を果たしてもらう働きかけが重要です。

(3) 内部統制の仕組みの強化

　例えば、内部監査に専従する部門を置いて定期的あるいは抜き打ちで内部監査を実施するなどの取り組みが挙げられます。また、異なる組織が連携して従業員同士が他組織の監査を行い、書類の整備と実行の状況等をチェックし合う事例もあります。

(4) 外部監査の実施

　ISO9001などのマネジメントに関する国際規格認証審査を受けたり、福祉サービス第三者評価を受審したりするなど、外部からのチェックを受けるといった取り組みも効果的です。受審結果をホームページなどで公表している事例もあります。

(5) 苦情解決制度の実施

　社会福祉法人においては、福祉サービスに対する苦情解決制度を活用することができます。第三者委員会を配置し、利用者からの相談を直接受け付け、その内容と改善結果をホームページで公開している事例もあります。

確認問題

問題1 以下の文章で正しいものには○を、誤っているものには×を記入しなさい。

①コンプライアンスとは、「法令や規則を遵守する」という意味であり、法令等公的なものだけでなく、社会良識、社会ルール、組織内の規則、企業倫理などさまざまなルールを遵守した経営を図ることを「コンプライアンス経営」と呼ぶ。

②コンプライアンス経営の最大の目的は不祥事を起こさないことであり、そのための監視・報告等のシステムを構築・整備することが求められる。

③コーポレート・ガバナンスとは、行政機関などの外部から組織を健全に統治することをいい、非効率・不健全な行為をする経営者には制裁を課すことができる。

④コーポレート・ガバナンスの強化に向けた取り組みを行うにあたり、そのポイントとなる重要な要素には、経営の透明性・健全性・遵法性の確保、従業員の責任の明確化などが挙げられる。

⑤コーポレート・ガバナンスの具体的な取り組みとして、組織外部からの役員登用があるが、これは一部の社内役員の専制を防いだり異なる視点を活用することを目的としている。

確認問題

解答1　①：○　②：×　③：×　④：×　⑤：○

桑田耕太郎、田尾雅夫著『組織論』有斐閣刊
渡邊義一、新井隆之著『中小企業診断士１次試験対策講座テキスト企業経営理論Ａ（経営戦略論・組織論）』
　　TBC受験研究会
『介護労働の現状について　平成22年度介護労働実態調査を中心に』財団法人介護労働安定センター
『経営実践事例集Ⅳ』全国社会福祉施設経営者協議会

MEMO

MEMO

MEMO

MEMO

MEMO

● 編著者プロフィール

● 編著者

廣江　研(ひろえ・けん)

1941年、鳥取県米子市生まれ。社会福祉法人「こうほうえん」理事長、社会福祉法人枡形鳳翔会理事長。その他、医療法人養和会理事、学校法人米子幼稚園理事、全国社会福祉施設経営者協議会常任協議員・介護保険事業経営委員長、社会福祉懇談会副会長、日本介護経営学会理事、日本臨床医療福祉従事者協議会理事、日本認知症ケア学会評議員、一般社団法人高齢者住宅推進機構理事、介護人材養成のあり方に関する検討会委員(厚生労働省)、介護保険サービスに関する関係団体懇談会委員(厚生労働省)、認定介護福祉士に係る検討委員会委員(日本介護福祉士会)、日本の福祉を考える会会長、財団法人植村直己記念財団評議員、日本ネパール・人づくり協力会会長など要職を歴任。著書に『我が友植村直己』(立花書院)、『在宅サービスの経営戦略』(共著、中央法規)、『介護保険施設の経営戦略』(共著、中央法規)、『地域連携クリティカルパスと退院支援』(共著、日本医学出版)、『地域包括ケアの行方』(共著、筒井書房)ほか。

● 著者(事例部分担当)

飯村芳樹(いいむら・よしき)

株式会社川原経営総合センター経営コンサルティング部門統括補佐を経て現在、シムウェルマン株式会社代表取締役社長、一般社団法人社会事業創研理事長、日本児童養護実践学会理事、神奈川県立保健福祉大学実践教育センター非常勤講師、他複数の教職を兼ねている。また、社会福祉法人の経営監理担当理事として直接事業の経営を行う他、全国経営協・全事協・都道府県社協などで財務・人事・経営に関する講演・執筆多数。

● 総監修者プロフィール　　　　　　　　　　　　　　　　　　　　　　（50音順）

江草安彦（えぐさ・やすひこ）

社会福祉法人旭川荘名誉理事長、川崎医療福祉大学名誉学長
1926年生まれ。長年にわたり、医療・福祉・教育に従事、医学博士。旧制広島県立福山誠之館中学校卒業後、岡山医科大学付属医科専門部（現・岡山大学医学部）に進学し、勤務医を経て総合医療福祉施設・社会福祉法人旭川荘の創設に参加、85年より旭川荘の第2代理事長となる。現在は名誉理事長。川崎医療福祉大学学長（～03年3月）、川崎医療福祉大学名誉学長および川崎医療福祉資料館館長（現在に至る）。00年、日本医師会最高優功章受章、01年保健文化賞、06年瑞宝重光賞、09年人民友誼貢献賞など受賞多数。

大橋謙策（おおはし・けんさく）

公益財団法人テクノエイド協会理事長、元日本社会事業大学学長
1943年生まれ。東京大学大学院教育学研究科博士課程修了。日本社会事業大学教授、大学院研究科長、社会福祉学部長、社会事業研究所長、日本社会事業大学学長を経て、2011年より現職。埼玉県社会福祉審議会委員長、東京都生涯学習審議会会長等を歴任。著書に、『地域社会の展開と福祉教育』（全国社会福祉協議会）、『地域福祉』『社会福祉入門』（ともに放送大学教育振興会）、『地域福祉計画策定の視点と実践』（第一法規）、『福祉21ビーナスプランの挑戦』（中央法規出版）ほか。

北島政樹（きたじま・まさき）

国際医療福祉大学学長
1941年生まれ。慶應義塾大学医学部卒。外科学（一般・消化器外科）専攻、医学博士。慶應義塾大学名誉教授。Harvard Medical School、Massachusetts General Hospitalに2年間留学。杏林大学第一外科教授、慶應義塾大学病院副院長、院長、医学部長を経て名誉教授。国際医療福祉大学副学長、三田病院院長を経て国際医療福祉大学学長（現職）。英国王立外科学会、アメリカ外科学会、イタリア外科学会、ドイツ外科学会、ドイツ消化器外科学会、ハンガリー外科学会名誉会員およびポーランド外科学会名誉会員。New England Journal of Medicine、World Journal of Surgery、Langenbeck's Archives of Surgeryなどの編集委員。ブロツワフ大学（ポーランド）、センメルワイス大学（ハンガリー）名誉医学博士。

介護福祉経営士テキスト　実践編Ⅱ-1
組織構築・運営
良質の介護福祉サービス提供を目指して

2012年11月1日　初版第1刷発行

編著者　廣江　研
発行者　林　諄
発行所　株式会社　日本医療企画
　　　　〒101-0033　東京都千代田区神田岩本町4-14　神田平成ビル
　　　　TEL. 03-3256-2861（代）　http://www.jmp.co.jp
　　　　「介護福祉経営士」専用ページ　http://www.jmp.co.jp/kaigofukushikeiei/
印刷所　大日本印刷株式会社

ⒸKen Hiroe 2012, Printed in Japan　ISBN 978-4-86439-098-9 C3034　定価は表紙に表示しています。
本書の全部または一部の複写・複製・転訳載の一切を禁じます。これらの許諾については小社までご照会ください。

これからの介護・福祉事業を担う経営"人財"
介護福祉経営士テキスト シリーズ全21巻

総監修
江草 安彦 社会福祉法人旭川荘名誉理事長、川崎医療福祉大学名誉学長
大橋 謙策 公益財団法人テクノエイド協会理事長、元日本社会事業大学学長
北島 政樹 国際医療福祉大学学長

【基礎編Ⅰ】テキスト（全6巻）

1	**介護福祉政策概論** ——介護保険制度の概要と課題	和田 勝	国際医療福祉大学大学院教授
2	**介護福祉経営史** ——介護保険サービス誕生の軌跡	増田雅暢	岡山県立大学保健福祉学部教授
3	**介護福祉関連法規** ——その概要と重要ポイント	長谷憲明	関西国際大学教育学部教授・地域交流総合センター長
4	**介護福祉の仕組み** ——職種とサービス提供形態を理解する	青木正人	株式会社ウエルビー代表取締役
5	**高齢者介護と介護技術の進歩** ——人、技術、道具、環境の視点から	岡田 史	新潟医療福祉大学社会福祉学部准教授
6	**介護福祉倫理学** ——職業人としての倫理観	小山 隆	同志社大学社会学部教授

【基礎編Ⅱ】テキスト（全4巻）

1	**医療を知る** ——介護福祉人材が学ぶべきこと	神津 仁	特定非営利活動法人全国在宅医療推進協会理事長／医師
2	**介護報酬制度／介護報酬請求事務** ——基礎知識の習得から実践に向けて	小濱道博	介護事業経営研究会顧問
3	**介護福祉産業論** ——市場競争と参入障壁	結城康博／早坂聡久	淑徳大学総合福祉学部准教授／社会福祉法人柏松会常務理事
4	**多様化する介護福祉サービス** ——利用者視点への立脚と介護保険外サービスの拡充	島津 淳／福田 潤	桜美林大学健康福祉学群専任教授

【実践編Ⅰ】テキスト（全4巻）

1	**介護福祉経営概論** ——生き残るための経営戦略	宇野 裕	日本社会事業大学専務理事
2	**介護福祉コミュニケーション** ——ES、CS向上のための会話・対応術	浅野 睦	株式会社フォーサイツコンサルティング代表取締役社長
3	**事務管理／人事・労務管理** ——求められる意識改革と実践事例	谷田一久	株式会社ホスピタルマネジメント研究所代表
4	**介護福祉財務会計** ——強い経営基盤はお金が生み出す	戸崎泰史	株式会社日本政策金融公庫国民生活事業本部融資部専門調査役

【実践編Ⅱ】テキスト（全7巻）

1	**組織構築・運営** ——良質の介護福祉サービス提供を目指して	廣江 研	社会福祉法人こうほうえん理事長
2	**介護福祉マーケティングと経営戦略** ——エリアとニーズのとらえ方	馬場園 明	九州大学大学院医学研究院医療経営・管理学講座教授
3	**介護福祉ITシステム** ——効率運営のための実践手引き	豊田雅章	株式会社大塚商会本部SI統括部長
4	**リハビリテーション・マネジメント** ——QOL向上のための哲学	竹内孝仁	国際医療福祉大学大学院教授／医師
5	**医療・介護福祉連携とチーム介護** ——全体最適への早道	苛原 実	医療法人社団実幸会いらはら診療所理事長・院長
6	**介護事故と安全管理** ——その現実と対策	小此木 清	弁護士法人龍馬 弁護士
7	**リーダーシップとメンバーシップ、モチベーション** ——成功する人材を輩出する現場づくりとその条件	宮野 茂	日本化薬メディカルケア株式会社代表取締役社長

※ タイトル等は一部予告なく変更する可能性がございます。